北京市属高校高水平教师队伍建设支持计划长城学者培养计划项目资助
项目编号 CIT&TCD20190335

体育课说课指导

冯晓东　王　博　主编

化学工业出版社

·北京·

内容简介

《体育课说课指导》从体育课说课的类型、体育课说课与备课和上课的关系、体育课说课中应注意的问题入手，针对高中、初中、小学不同内容的体育课，具体讲解了体育课到底该怎么说，以及怎样去评价。

1. 如何说体育教学指导思想。
2. 如何说学情分析，包括说学生知识起点的分析、学生技能起点的分析、学生态度起点的分析。
3. 如何说体育教学内容。
4. 如何说体育教学目标，包括体育教学目标概念、体育教学目标基本要求、体育教学目标正确表述。
5. 如何说体育教学方法，包括以教为主的体育教学方法、以学为主的体育教学方法、教和学并重的体育教学方法。
6. 如何说体育教学组织，包括体育场地器材、体育课运动负荷。
7. 如何评价体育课说课，包括体育课说课的评价原则、评价内容、评价方法。

《体育课说课指导》收录的体育课说课案例，都是高中、初中、小学体育课堂中的真实教学案例，既方便学生进行自学，也可供师生之间进行交流与讨论，在体育教学过程中相互分享思路，以求创新。

图书在版编目（CIP）数据

体育课说课指导/冯晓东，王博主编. —北京：化学工业出版社，2021.1（2024.2重印）
ISBN 978-7-122-38021-0

Ⅰ.①体⋯ Ⅱ.①冯⋯②王⋯ Ⅲ.①体育课-课堂教学-教学研究-中小学 Ⅳ.①G633.962

中国版本图书馆CIP数据核字（2020）第233587号

责任编辑：宋　薇　　　　　　　　装帧设计：张　辉
责任校对：王鹏飞

出版发行：化学工业出版社（北京市东城区青年湖南街13号　邮政编码100011）
印　　装：涿州市殷润文化传播有限公司
710mm×1000mm　1/16　印张9³⁄₄　字数224千字　2024年2月北京第1版第4次印刷

购书咨询：010-64518888　　　　　　售后服务：010-64518899
网　　址：http://www.cip.com.cn
凡购买本书，如有缺损质量问题，本社销售中心负责调换。

定　　价：39.00元　　　　　　　　　　　　　　　版权所有　违者必究

前言

　　体育课说课,是在体育教育教学理论指导下,体育教师在精心备课的基础上,面对同行、领导或体育教学研究人员,用口头语言和有关的辅助手段阐述体育课程或某一个具体的体育课的教学设计,并与听者一起就体育课目标的设计、体育教学内容的选择、体育教学重点和难点的把握、体育教学方法的应用、体育教学的组织、体育教学场地器材的安排、体育教学的预期效果与质量评价等方面进行预测设计或反思,共同研讨进一步改进和优化体育教学效果的一种教学或研究活动。

　　体育课说课,是体育课堂教学或体育课研究活动中的一个非常有实践意义的环节。在体育课听课和评课等体育课教研活动之外,体育课说课也是一种重要的研讨形式和表现手段。特别是近年来,体育课说课成了中小学体育教师资格证考试面试的一个重要内容,也是一些中小学招聘体育教师的重要考试形式。"说什么、怎么说"是我们体育教育学生专业发展技能之一,可是在有些学校的体育教育专业"学校体育学"本科教学课程中,这部分教学内容是缺少或不足的。在这些年中小学开展的体育教师说课活动中,善于说课的人,能够很好地把握说课的节奏、说课的内容、说课的方法等;不善于说课的人,说了半天也没有说明白体育课为什么这样上。由此可以看出,要想把体育课的设计说明白,需要一定的体育课说课的指导。

　　《体育课说课指导》从体育课说课理论到实践,再到具体案例进行讲解,力求贴近读者的实际理解水平。本书的体育课说课案例，都是学校体育教学过程中真实发生的体育教学故事，有情境、有情节，容易理解，便于自学和师生交流与对话，共同分享理解和分析体育课说课的问题与思路。

本书在撰写过程中，参阅了大量的国内外文献资料，在此，向各位专家与学者表示衷心的感谢。参加编写人员有：李厚林教授、杜俊娟副教授，研究生郑佳悦、胡嘉楠、师彦祥和霍文丽等，在此一并表示感谢。

由于笔者的知识和研究经验所限，书中若有疏漏，敬请读者指教，以便修正。

编　者
2020 年 7 月

目录

第一章 体育课说课概论 　　001

一、体育课说课的类型 …………………………………… 002
二、体育课说课的特点 …………………………………… 004
三、体育课说课与备课、上课的关系 …………………… 005
四、体育课说课中应注意的问题 ………………………… 007

第二章 说体育与健康课程基本理念和体育教学指导思想 　　009

一、说体育与健康课程基本理念 ………………………… 010
二、说体育教学指导思想 ………………………………… 011

第三章 说学情分析 　　014

一、学生知识起点的分析 ………………………………… 016
二、学生技能起点的分析 ………………………………… 017
三、学生态度起点的分析 ………………………………… 018

第四章　说体育教学内容　020

一、体育教学内容 ··· 021
二、体育教学内容分析 ·· 025

第五章　说体育教学目标　027

一、体育教学目标的概念 ··· 028
二、体育教学目标的基本要求 ··································· 028
三、体育教学目标的正确表述 ··································· 030

第六章　说体育教学方法　034

一、以教为主的体育教学方法 ··································· 037
二、以学为主的体育教学方法 ··································· 041
三、教和学并重的体育教学方法 ································ 053

第七章　说体育教学组织　061

一、体育教学组织形式的选择与运用 ·························· 063
二、体育教学中场地器材的布置 ································ 066
三、体育课运动负荷 ··· 069

第八章　体育课说课评价　071

一、体育课说课评价原则 ··· 072

二、体育课说课评价内容 ………………………………………… 073
三、体育课说课评价方法 ………………………………………… 075

第九章　体育课说课案例　　077

一、高中体育课说课 ……………………………………………… 079
　【案例一　高中篮球原地持球交叉步突破体育课说课】……… 079
　【案例二　高中足球脚背外侧运球体育课说课】……………… 084
　【案例三　高中软式垒球体育课说课】………………………… 087
　【案例四　高中健美操：《校园青春健美操》提高套路——
　　　　　　"创造奇迹"体育课说课】………………………… 091
　【案例五　高中篮球原地双手胸前传接球和单手肩上
　　　　　　投篮体育课说课】…………………………………… 098

二、初中体育课说课 ……………………………………………… 101
　【案例一　初中耐久跑体育课说课】…………………………… 101
　【案例二　初中舞蹈与技巧组合体育课说课】………………… 104
　【案例三　初中跨越式跳高体育课说课】……………………… 108
　【案例四　初中单肩后滚翻成单膝跪撑平衡体育课说课】…… 111
　【案例五　初中武术防身术体育课说课】……………………… 116

三、小学体育课说课 ……………………………………………… 118
　【案例一　小学40米迎面接力体育课说课】………………… 118
　【案例二　小学蹲踞式起跑体育课说课】……………………… 121
　【案例三　小学"传递梦想"投掷轻物体育课说课】………… 126
　【案例四　小学原地侧向投掷垒球体育课说课】……………… 128
　【案例五　小学跨越式跳高体育课说课】……………………… 131
　【案例六　小学立定跳远体育课说课】………………………… 134

【案例七 小学持轻物投准体育课说课】……………………… 136
【案例八 小学肩肘倒立体育课说课】……………………… 139
【案例九 小学后滚翻体育课说课】………………………… 141
【案例十 小学篮球行进间运球体育课说课】……………… 144

参考文献   147

第一章 体育课说课概论

体育教学是体育教师引起、维持、促进学生体育学习的所有行为方式。体育教师的主要行为包括教师的示范、师生对话与指导；辅助行为包括激发动机、期望效应、课堂交流和课堂管理等。体育教师通过这些行为活动，在课堂上有计划、有组织、有目的地使学生获得体育知识、技能，形成道德品质和世界观，发展智力和个性。为了提高体育教学的质量，在实施体育教学前，体育教师要对体育教学行为进行周密的思考和安排，考虑教什么、如何教、要达到什么要求等，也就是可以对体育教学活动进行"说课"。体育课说课是实现体育教师专业发展、提高体育教学质量的有效方式。本章力求在理论和实践层面上对怎样进行体育课说课进行阐述。

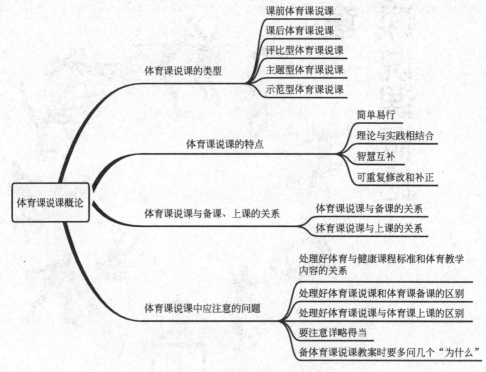

图 1-1　体育课说课概论内容图

一、体育课说课的类型

体育课说课，作为体育教学研究活动的一个重要形式，因其活动的目的、要求不同，常有不同的分类方法。宏观上来分，体育课说课可以说体育学科课程、说体育与健康课程标准、说体育教学内容、说体育课程资源的利用等。具体地来分，主要说体育课教学过程的设计。体育课说课还可以细化为几种基本的类型：从服务于体育课教学的先后顺序来看，可分为课前体育课说课和课后体育课说课；从改进和优化体育课教学设计来看，可分为预测型体育课说课和反思型体育课说课；从体育教师教学业务评比的角度看，可分为评比型体育课说课和非评比型体育课说课；从体育教学研究的角度看，可分为专题研究型体育课说课和示范型体育课说课；从说课的主体角度看，分为授课者体育课说课和评课者体育课说课等。本章重点论述课前体育课说课、课后体育课说课、评比型体育课说课、主题型体育课说课和示范型体育课说课，并力图兼顾到各种体育课说课类别。

（一）课前体育课说课

课前体育课说课，是体育教师在认真研读体育教材、领会编写意图、分析体育教学资源、初步完成体育教学设计等基础上的一种体育课说课形式，是体育教师在深度备课后的一种体育教学"预演"活动。通过课前体育课说课活动，可以借助集体的智慧来预测体育课教学的实际效果，最终达到改进和提高体育教学质量的目的，因此，课前体育课说课是一次预测性和预设性的说课活动。

（二）课后体育课说课

课后体育课说课，是体育教师按照既定的体育教学设计进行上课，并在上课后向所有听课教师或教学研究人员阐述自己体育教学得失的一种说课形式，是建立在体育教师个体教学活动基础上的一种集体反思与研讨活动。在这种集体的反思与研讨中，使说课者和参与研讨的其他体育教师对体育教学的得失有更加清晰的认识，也为进一步改进和优化体育教学设计提供了可能，因而，课后体育课说课是一种反思性和验证性的体育课说课。

（三）评比型体育课说课

评比型体育课说课，是把体育课说课作为体育教师教学业务评比的一项内容，对体育教师运用体育教学理论的能力、理解体育与健康课程标准和体育内容的实际水平，以及体育教学流程设计的科学性和合理性等做出客观公正评判的一种活动方式。它既是发现和遴选体育优秀教师的一种评比方法，也是以此带动体育教师队伍建设、促进体育教师专业发展的一个有效途径。相对于评比型体育课说课而言，体育教师在日常体育教学研究中所进行的体育课说课活动，都属于非评比型体育课说课，它既可以是课前体育课说课（预测性说课），也可以是课后体育课说课（反思型说课）。

（四）主题型体育课说课

主题型体育课说课，是以体育教育教学工作中遇到的重点、难点或热点问题为主题，引导体育教师在进行一段时间的实践和探索的基础上，用体育课说课的形式向其他体育教师、专家和领导汇报其研究成果的体育教育教学研究活动。显而易见，主题型体育课说课是一种更深入的体育教育教学研究活动，它更有助于体育教育教学重点、难点或热点问题的解决。

（五）示范型体育课说课

示范型体育课说课，一般是以优秀体育教师（如体育教学能手、体育学科带头人或体育特级教师等）为代表在向听课体育教师做示范型说课的基础上，请该体育教师按照其说课内容上课，然后再组织体育教师进行评议的体育教学研究活动。通过这样一种形式的体育教学研究活动，听课的体育教师可以从听说课、看上课、参评课中增长见识，开阔视野，提高自己体育教育教学的理论与实践能力。示范型体育课说课也是培养体育教学骨干的一种有效方式和重要途径。一般来说，示范型体育课说课可以在校内开展，也可以在区内或市内开展，每学期一般可以进行 1～2 次。

从上述体育课说课类型的介绍可见，不论是哪种类型的体育课说课，都具有以下特点。

二、体育课说课的特点

（一）简单易行

因为参加体育课说课活动的都是体育教师或体育教学研究人员，可以不受时间、空间和人数的限制，简便易行。从活动所需的媒体或手段来看，既可以是体育教师口头表达，也可以是利用实物、实验、投影、音像等体育教学媒体辅助说课，因而具有较强的可操作性。

（二）理论与实践相结合

在体育课备课过程中，虽然体育教师已对体育与健康课程标准和体育教学内容进行了解读、分析和处理，形成了初步的体育教学设计，但这些分析和处理是不是正确和合适，在一定程度上体育教师也是凭经验进行判断的。但在体育课说课活动中，体育教师不仅要说"怎样教"，还要说"为什么这样教"及"这样教的理论依据是什么"。通过体育教师对教与学过程设计的全面阐述，就有可能从体育教学理论的高度来审视和发现体育教师备课中的一些疏漏与不足，发挥集体智慧，群策群力进行完善与修改。从这个意义上说，体育课说课能帮助体育教师更好地吃透内容，理论与实践相结合，实现体育教学与教研相长。

（三）智慧互补

体育课说课，作为一种集思广益的教学研究活动方式，对每一位参与者来说，都是思想与思想的碰撞，每一个观点、每一种想法、每一处小的补充、每一个小的提示，都是一种体育教学的智慧。无论是评议，还是切磋，体育教师们在交流中分享经验、在合作中共同提高，达到智慧互补的目的，这也是体育课说课的特别之处。

（四）可重复修改和补正

体育教师课堂教学设计是否科学合理和有效，可以通过体育课说课来进行修改与完善。有什么不足之处，可以在课前修改；有什么好的做法，可以在课后提炼和提升。体育课说课能够在课堂之外解决体育课教学中的低效问题，避免在体育课教学中学生成为体育课教学设计失误的实验品。当然，体育课说课也有一定的局限性，不能简单孤立地看待体育教师说课的好与坏，而要把体育课说课的评价与体育课教学的评价有机地结合起来，统筹兼顾。

三、体育课说课与备课、上课的关系

作为一名体育教师，最基本的工作准则之一是"先备课后上课，不备课不上课"。科学合理处理好体育课备课、说课、上课的关系，是我们实施体育与健康课程、贯彻落实体育与健康课程标准新理念的基本要求和重要保障。

1. 体育课说课与备课的关系

（1）体育课说课与备课的相同点。无论是体育课备课还是体育课说课，其目的都是为上好体育课服务的，都属于一种课前的准备工作。从所涉及的内容来看，由于体育课说课是一种深度备课后的展示活动，所以在主要内容方面应该是一致的；从活动的过程看，说课与备课都需要体育教师花费一定的时间来进行课程标准学习、教学内容选择、学情分析等方面的研究，选择并确定合适的教学方式等。

（2）体育课说课与备课的不同点。

① 内涵不同。体育课说课是介于体育课备课和体育课上课之间的一种教学研究活动。对于体育课备课而言，它是一种体育教学改进和优化的活动；对于体育课上课而言，它是一种更为缜密的科学准备过程。因而，从某种意义上讲，体育课说课也是对整个体育教学活动和教学研究过程的一种折射。一般说来，体育课备课是体育教师独立进行的一种静态教学研究行为，而体育课说课是体育教师集体共同开展的一种动态的体育教学研究活动。在对体育教学问题的研究与反思方面，体育课说课显然要比体育课备课更细致、深入与透彻。

② 对象不同。在体育课备课过程中，体育教师一般独立进行体育教学设计，不直接面对学生或教师。而说课是直接面对其他体育教师，说明自己备课及备课的依据。

③ 目的不同。体育课备课是为了能上课，体育课说课是为了帮助体育教师学会反思，改进和优化备课，达到整体提高体育教师队伍素质、实现体育教师专业化发展的目的。

④ 要求不同。体育课备课强调体育教学活动安排的科学、合理和全面，为体育课上课提供可操作性强、条理清晰的体育教学流程是体育课备课的主要内容，因此体育课备课一般只需要写出教什么、怎样教就可以了，而无须说明为什么要这样教。体育课说课就不一样了，体育教师不仅要说出教什么、怎样教，还要从教育和体育理论角度阐述为什么这样教。

2. 体育课说课与上课的关系

体育课说课与上课有很多共同之处。例如，在课前说课中所展示的体育教学流程、体育教学方法等，其实都会在上课时得到充分体现。说课中，说课者进行反思活动时所涉及的内容，更多的是上课时师生活动的再现。它们存在着一定的本质区别。

（1）要求不同。体育课上课主要解决教什么、怎样教的问题；而体育课说课不仅要解决教什么、怎么教，还要解答"为什么这样教"。

（2）对象不同。体育教师上课的对象是学生，而体育教师说课的对象是具有一定教学经验的同行和领导。由于对象不同，因此体育课说课比体育课上课更具有灵活性，不受体育教学进度的影响，不会干扰正常的体育教学秩序，也不受教学时间与空间的限制；同时，体育课说课也不受体育教学内容、教学年级、教学人数的限制，小的范围可在教研组、备课组，大的范围可到学校、地区。

四、体育课说课中应注意的问题

1. 处理好体育与健康课程标准和体育教学内容的关系

体育与健康课程标准是体育教学的依据，具有法定的指导作用。体育教师在体育课说课前应认真学习体育与健康课程标准中的基本理念、课程目标、内容标准等，把它作为确定体育教学目标、重点难点、教学结构以及教法、学法选择的理论依据。体育教师说课可以"以本为本"，但不要"照本宣科"，要充分发挥体育教师的创造性，理解教材、驾驭教材并超越教材。因此，说课体育教师应在系统掌握体育教学内容的前提下，把体育与健康课程标准和体育教学内容紧密结合起来。

2. 处理好体育课说课和体育课备课的区别

体育课说课不能完全照"教案"说。体育课备课是体育教师在掌握体育与健康课程标准、吃透体育教学内容的基础上精心写出的"教案"。体育课教案有明确的体育教学目标、具体的体育教学内容，有连贯而清晰的体育教学流程，有启发学生积极思维与练习的体育教学方法，有教学目标的达成等评价。体育课说课是体育教师在总体把握体育教学内容的基础上，说出在体育教学过程中，体育教师对体育教学各个环节具体操作的想法和具体的步骤，以及这些想法和步骤在教育、体育方面的理论依据。简单地说，体育课说课主要是回答自己为什么这样备课的问题。

3. 处理好体育课说课与体育课上课的区别

体育课上课是体育教师在特定的体育教学环境中，依据自己所编制的体育课教案，进行上课，达到体育教学目标的过程。体育课说课由说课体育教师给特殊听众（领导、同行或体育教学研究人员）唱"独角戏"，在某种程度上说，体育课说课要回答的是自己要怎样上好这堂体育课的问题。

4. 要注意详略得当

体育课说课突出"说"字,不能"读"和"背",所说的内容应作详略取舍,不要平均使用力量和面面俱到,对体育教学的重点难点、体育教学流程及教育与体育理论依据等可以详讲,对一般问题可以略讲。同时,体育课说课不等于"读课",说课者不能拿着事先写好的说课教案去读,也没必要一字不漏地背。

5. 备体育课说课教案时要多问几个"为什么"

说课备课时要多问几个"为什么",并力争做出令人满意的解释。如果对有些问题尚未搞清楚,可以查阅资料或请教专家,切忌在说课时使用"可能""大概""或许"等词语。当然,体育课说课质量的高低还与体育教师的体育教学实践经验、语言的表达和知识面等有关。说课时,要紧紧围绕一个"课"字,突出"说"字,选准"说"法,找准"说"点,把握"说"度,把"课"说"活"。

体育课说课的内容如下。

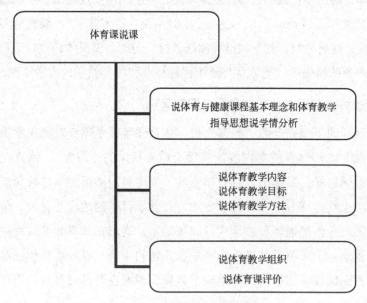

图 1-2　体育课说课内容结构图

第二章 说体育与健康课程基本理念和体育教学指导思想

体育课说课，一般先从说体育与健康课程基本理念或体育教学指导思想开始。

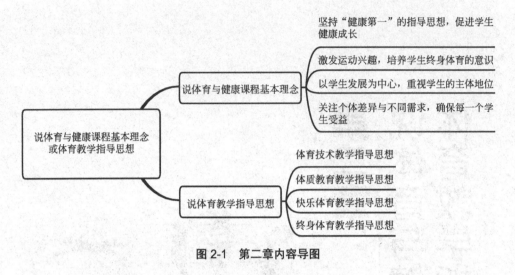

图 2-1　第二章内容导图

一、说体育与健康课程基本理念

1. 坚持"健康第一"的指导思想，促进学生健康成长

体育与健康课程以促进学生身体、心理和社会适应能力整体健康水平的提高为目标，融合了体育、生理、心理、卫生保健环境、社会、安全、营养等诸多学科的有关知识，真正关注学生的健康意识、锻炼习惯和卫生习惯的养成，将增进学生健康贯穿于课程实施的全过程，确保"健康第一"思想落到实处，使学生健康成长。

2. 激发运动兴趣，培养学生终身体育的意识

学校体育是终身体育的基础，运动兴趣和习惯是促进学生自主学习和终身坚持锻炼的前提。无论是教学内容的选择还是教学方法的更新，都应十分关注学生的运动兴趣。

3. 以学生发展为中心，重视学生的主体地位

体育与健康课程关注的核心是满足学生的需要和重视学生的情感体验，促进全面发展的社会主义新人的成长。从课程设计到评价的各个环节，始终把学生主动、全面的发展放在中心地位。在注意发挥教学活动中教师主导作用的同时，特别强调学生学习主体地位的体现，以充分发挥学生的学习积极性和学习潜能，提高学生的体育学习能力。

4. 关注个体差异与不同需求，确保每一个学生受益

体育与健康课程充分注意到学生在身体条件、兴趣爱好和运动技能等方面的个体差异，根据这种差异性确定学习目标和评价方法，并提出相应的教学建议，从而保证绝大多数学生能完成课程学习目标，使每个学生都能体验到学习和成功的乐趣，以满足自我发展的需要。

二、说体育教学指导思想

1. 体育技术教学指导思想

体育技术教学指导思想是指在体育课程的实施中强调以掌握运动技术、技能为主的观点和认识。学科中心课程论强调学科知识的逻辑性、系统性和完整性，突出以知识为中心，以学生获取一定数量的知识和技能为目标。

优点：便于系统地传授体育知识、技术、技能，传承和发展体育文化；在技术教育思想指导下，体育课程的设计、内容的选择与编排具有严谨的逻辑性和系统性。

缺点：在技术教育思想影响下，体育课程过分偏重运动技术教学，忽视了体育课程增强学生体质的效果，忽视了学生个性和身心健康的发展；体育课程内容体系的编排强调按竞技运动训练的原则与方法进行，忽视了学生生理、心理的差异。

2. 体质教育教学指导思想

体质教育教学指导思想是指在体育课程的设计和实施中强调以发展学生身体、增强学生体质为主导的观点和认识。体质教育思想的基本主张如下。

（1）体育就是身体教育，是被教育者享受教育者传授增强体质的知识技能和应用这些知识技能实际锻炼身体的过程。

（2）体育教育的目标就是增强学生体质，促进学生身体形态、机能、素质和基本活动能力的全面发展，培养强健的身体，为学习和工作打基础。

（3）体育课程的教学内容不是运动专项技术，而是增强体质的运动形式、内容和手段方法以及各种身体活动，要按学生体质的实际情况与需要来选择这些身

体运动。

（4）在教学方法上，主要采取重复、间歇、循环等练习方法，不重视运动专项技术要领和细节的讲解、示范、纠正过程。

（5）强调对学生的生物性改造，追求增强体质的实效性，注重以生物性评价标准评定体育课程的效果。

不足：对体育的多功能缺乏全面的思考，忽视了学生情感、意志的培养及个性的发展，忽视了锻炼方法和习惯的养成；体育课程的评价只重结果而忽视过程。

3. 快乐体育教学指导思想

快乐体育教学指导思想是指，在体育课程实施中强调从情感教学入手，对学生进行以健全的身体教育和人格教育为目标的观点和认识。这种思想是人本主义教育思想和终身教育思想在体育课程改革与发展中的反映。

快乐体育教学指导思想的基本主张是在学校体育和体育科学的目标上，应与终身体育相结合，在不否定运动技术手段意义的基础上，提倡学生在运动过程中体验各种运动的不同乐趣，使学生认识和热爱这项运动，理解运动的意义，为终身体育打下基础。

快乐体育教学指导思想对我国体育课程的实施产生了积极的影响。

在快乐体育教学指导思想上，主张以育人为出发点和归宿，面向终身体育，从情感教学入手，强调乐学、勤学，以及育体和育心相结合。

在快乐体育教学中的教与学关系上，快乐体育教学强调学生是主体、教师是主导，二者相结合；在教学结构上，主张教学活动是认知、情感、行为的统一，强调体育教学应是融知识、情感与身体发展为一体的。

在教法上，主张启发式的创造教学，强调教法的多样性和学法的实效性。

在教学组织上，主张严密的课堂纪律与生动活泼的教学氛围相结合。

快乐的体验不仅仅是从运动中获得直接乐趣的情感体验，还应包括通过自身的努力，克服运动中带来的身体上的痛苦而取得成功的情感体验。

4. 终身体育教学指导思想

终身体育教学指导思想是指在学校体育过程中以培养学生终身参与体育活动的能力和习惯为主的观点和认识。终身体育的含义：一是指人从生命开始至结束，学习与参与体育锻炼活动，使体育真正成为人一生中不可缺少的重要组成部分；二是指在终身体育思想的指导下以体育的体系化和整体化为目标，为人在不同时期、不同生活领域中提供参加体育活动的实践过程。

终身体育教学指导思想主张，在继续提倡掌握体育和保健的理论知识、提高对体育的认识、掌握必需的体育技能、提高体力、增进健康的前提下，强调发展个性、培养能力、养成锻炼身体的习惯，主张体育生活化，通过交往促进人的社会化，注重人的心理素质和情感的发展。

终身体育教学指导思想对学校体育的目标、内容、方法、评价、组织都产生了很大的影响，体现为终身性、开放性、自主性、娱乐性。

第三章 说学情分析

学情主要包括学生的身心发展规律和已有的学习状态，以及学生对体育的兴趣、态度、需要、学习倾向性等个性因素。需要说明的是，体育教学在考虑学生群体特征时，还应充分考虑学生个体的差异性，以使每个学生都得到充分发展。

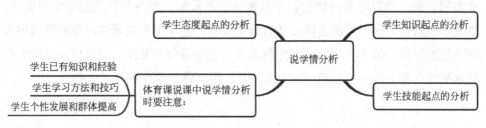

图 3-1　学情分析内容图

体育教学总是在一定的起点上开始的。在学习新知识、新技术之前，体育教师一定要分析学生的知识、技术技能和心理准备情况，并在体育教学中做到以旧引新，组织复习，加强新旧知识、技术技能的联系，使新知识、技术技能纳入学生原有知识、技术技能的结构中去。

例如，一位体育老师在教五年级学生分腿腾跃过山羊时，教材的重点是助跑有节奏，快速推手；难点是动作协调，落地稳。他首先把动作的全过程和重点、难点，简明扼要地进行了讲解，接着做了示范。此时一部分学生跃跃欲试，也有一部分学生还存有害怕畏难心理。后来，在"分腿腾跃过山羊"前，他精心设计了一个过渡性练习——支撑腾跃不过山羊。目的有三：一是动作技术的需要；二是让学生接触一下器械，逐渐消除恐惧感；三是给胆小起跳不好的学生留个空间。通过练习，极大地增强了同学们的信心，也克服了部分同学的害怕心理。在接下来进行的练习中，教师一方面加强了保护和帮助，另一方面还对每个学生的练习都给予了简短的点评与指导。这样，做到了精讲多练，讲练结合，以练为主，突出了重点，也增加了学生的练习次数，提高了教学效果。

为了实现体育教学目标和满足学习需要，仅对体育教学内容进行分析是不够的，还应该对体育教学对象即学生有一个客观的、正确的分析。因为学生是体育教学活动的主体，一切体育教学活动只有从学生的实际出发才能成功和优化。通过对学生情况的分析，了解学生的准备情况和学习风格，为体育教学内容的选择和组织、体育教学目标的编制、体育教学活动的设计、体育教学方法和媒体的选用提供可靠的依据。

体育教学开始前，必须明确体育教学目标，了解学生原来具有的学习准备状态。体育教学目标是目的地，学生的起点能力是体育教学的出发点。起点能力一般是指学生对将要学习的内容已具备的有关知识、技能的基础，以及对有关学习内容的认识与态度。

学生的起点能力分析与体育学习内容的分析密切相关。如果忽视对学生起点能力的分析，学习内容的确定就会脱离学生的实际。如将学习的起点定得太高，脱离学生的实际水平，就会降低体育教学效果，使学生在高难度的体育学习内容面前望而却步；如将学生的起点定得太低，会造成时间和精力的浪费，使学生在低水平的内容上做无效的劳动，长此以往，就会降低学生的学习兴趣。

一、学生知识起点的分析

当学生把教学内容与自己的认知结构联系起来时，接受学习便发生了。影响体育教学中接受学习的最重要的因素是学生的认知结构。认知结构是指学生现有知识的数量、清晰度和组织方式，它是由学生眼下能回想出的事实、概念、命题、理论等构成的。要先了解学生的原有认知结构的状态，在此基础上，通过体育教学加强新旧知识的联系，才能把新知识纳入学生原来具有的认知结构中。

例如，下面是健美操课学生知识起点分析案例。

（1）在学生掌握健美操的基本步法和动作之后，体育老师把学生分成了6个小组。"下面以小组为单位，进行创编动作组合，看看谁的动作组合得最好，展示得最漂亮。"体育老师发出了指示。

（2）学生开始分组讨论创编，一直在讨论，不能达成共识。所以创编动作感觉进展有些困难。

（3）体育教师巡回指导："你们可以这样组合啊。"教师在一个小组中进行了示范。

（4）6个小组一个一个展示动作组合，结果组合动作雷同居多，基本上都是老师的个人想法。显然，学生学习的现有动作数量还不够。

从表面上看，在本片段中体育教师为学生的自主学习提供了时间和空间，但是教师过高地评估了学生的能力，缺少对学生呈现的信息进行必要的整理和调控，缺少指导学生建构自己知识的过程，所以课堂表现出学生感到无助、创编动作无序，低效。虽然体育教师为学生提供了健美操动作组合编排的平台，但是很少有新东西出来，雷同的内容较多，新知识（创编动作）与已有知识（已学动作）应该怎样联系，体育老师没有交代，也没有进行必要的指导。我们知道在学生自主或者合作学习的时候，教师不仅要提供学生自主或者合作学习的机会，还要有方法的指导。当教师让学生去创编的时候，首先，教师要提出新知识（创编动作）与已有知识（已学动作）应该怎样联系的目标。比如说，必须有哪几个动作；还要有几个新的动作；在这个新的动作当中必须有两个人的合作或者三个人组合的动作。要提出一个合适的目标。其次，教师要在创编方法上给予指导。例如，可以有下肢和上肢动作的多种组合；可以在练习队形上进行交错、排列、三角、圆周等多种变换；还可以根据音乐的节奏，在动作的幅度和力度上进行加大等变化。这些方法的指导，给学生的创编指出了明确的方向，学生就会在这些方向上做出探索和努力。

本案例中不妥当的问题是体育老师过高地估计了学生知识起点的能力。当学生有疑惑时，正是体育老师进行指导的最佳时机。

二、学生技能起点的分析

技能分析方法，是对学生技能起点能力进行分析判断的常用方法。这种方法是从终点能力着手，逐步分析达到终点能力所需要的从属知识和技能，一层一层分析下去，直到能够判断从属技能确实被学生所掌握。体育教学设计者可通过学生能否完成这些最简单的技能来判断学生技能起点能力水平。也可通过测试，了解学生的掌握程度，并据此确定学生的技能起点水平和体育教学的起点。起点能力主要包括学习新知识所必须具备的旧知识，也包括体育教学目标中要求学生掌握的新知识。

例如，"篮球行进间运球三步上篮"学生技能起点能力及其层次关系案例。

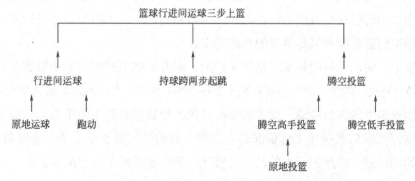

图 3-2 "篮球行进间运球三步上篮"技能层次关系图

三、学生态度起点的分析

　　什么是态度？态度往往表现为趋向与回避、喜爱与厌恶、接受与排斥等。态度是特定情况下以特定方式反应的内部准备状态。态度并不决定特定的行为，态度在不同程度上决定个人的一定类型的行为。所以，态度是习得的、影响个人对特定对象做出行为选择的、有组织的内部准备状态或反应的倾向性。

　　例如：下面是学生学习态度变化过程案例。

　　上周，通过 3 次校园集体舞的基本步法练习课，本周的教学重点就是男生和女生的配合动作了。听到教师说要男女一起跳，学生都不好意思地把头低了下来。虽然课前教师已经对学生进行了必要的说明与教育，但分到一组的男生女生还是显得十分羞涩，两人之间的距离也越拉越大。相比之下，男生显得更加羞涩，而女生们则大方多了，有的男同学把手别在身后，脸也别过去不看对面的女生；有的男生把校服衣袖拉得长长的让女生牵着，惹得全班大笑，其他同学见状也纷纷效仿，原本正常拉手的学生也不好意思再拉手了。跳了几圈之后，后面的几排竟然变成了男生和男生，女生和女生搭档在跳。看到这种情况教师知道无法达到预期的教学效果了，就让大家坐在草坪上休息。这时教师想起以前看过的一个小故事——《善念》，刚好可以用来对学生进行启发和教育。

　　故事讲述了一位老和尚带小和尚出游，途中遇到一位美貌少妇无法过河，老和尚发起慈悲心，背起少妇过河。过河后老和尚接受少妇的道谢，与小和尚并肩继续前行。走了二三十里的路，小和尚实在忍不住了，突然停下来对老和尚说："师父，男女授受不亲，你怎么可以背那名少妇呢？"老和尚感叹地说："小和尚啊！你看，我背少妇过了河放下她，就不再想这件事了。你为何走了这么一大段路了，依旧在想这件事呢？"男女授受不亲是感觉上的问题，只要念头清纯就行。学生们听后都若有所思，在之后的练习和测评中，大部分学生已经能正常拉手，学生们感觉拉手只是跳舞的规定动作。

　　事实证明，学生的思想还是很单纯的，刚开始跳的时候由于不熟悉是有些尴尬。经过几周的教学，男生彬彬有礼地半弓下腰，伸出右手，邀请对面的女生伸出手来，面对男生的真诚相邀，女生们也纷纷把手轻轻搭在男生的手心上。随着音乐的节奏，同学们在操场上翩翩起舞。从中，我们可以看出学生学习态度的变化，从开始的回避、排斥到后来的趋向与接受，学生已做好了心理准备。

　　体育课说课中说学情分析时要注意：

学情分析包括了对学生年龄特征、认知规律、学习方法及已有知识和经验等在内的综合分析，它是体育教师组织体育教学活动的依据，是学生学习新知识的基础。说学情，就是要依据学生的年龄特征和认知规律，全面客观地阐述学生已有的体育学业情况和已经掌握的体育学习方法，为优化体育教学设计提供参考。它既可以与教学内容一起作为体育教学资源加以分析，也可以单独阐述。一般来说，说学情应重点关注以下三个方面的内容。

1. 学生已有知识和经验

在现代传媒非常发达的今天，作为社会成员之一，学生已经具备了一定的知识和生活经验，这是学习体育新知识和新技能的基础。把学生已有的体育知识和经验说出来，把打算如何利用这些体育知识与经验说清楚，有利于实现学生"旧知"向"新知"的迁移，解决体育教师"怎样教"的问题。

2. 学生学习方法和技巧

在进行体育新知识教学时，认真分析并把握学生已有的体育学习方法和技巧，可以有针对性地指导学生从已有的学习方法和技巧体系中检索有用信息，培养学生独立分析问题、解决问题的能力。"说"体育学习方法和技巧，就是要说出学生从已有学习方法向新的学习方法转化的切入口或途径，说出学习体育新知识时应重点关注的方法，有助于解决"怎样学"的问题。

3. 学生个性发展和群体提高

体育与健康课程强调一切为了学生的发展，就是要求体育教师要通过科学的体育教育教学方式，使每一个学生都能在原有的体育基础上得到长足的发展。"说"学生个性发展和群体提高，就是既要对任教班级的班风、学风、合作精神和团队意识等方面进行全面客观的分析，又要对班级中的特殊个体（如后进生、特长生）的个性特征进行单独分析，从关注全体学生的角度出发，把握班级群体和个体的实际体育发展水平，解决体育"合格＋特长"的问题。

第四章 说体育教学内容

体育教学内容是为了实现体育教学目标而选用的体育知识和技能的体系。它是指为实现《体育与健康课程标准》或《高校体育与健康课程指导纲要》规定的教学目标，由教育行政部门或教学机构有计划安排的，要求学生系统学习的体育与健康知识、体育技术和体育技能的总和。它具体体现在《体育与健康课程标准》实施方案、体育教学计划、体育教学大纲和编写的教科书、教学软件里。

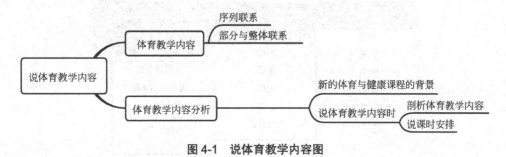

图 4-1　说体育教学内容图

一、体育教学内容

体育教学内容有一定的结构体系，有不同层次。在体育教学设计领域，有时也将体育教学内容分为课程、单元和项目三个层次。课程就是一门独立的教学科目，它由若干个单元知识的组块构成，如"篮球运动"这门课程包括篮球运动概述、篮球基本技术、篮球基本战术、篮球规则等单元。一个单元又由若干项目即知识点构成，如"篮球运动概述"这个单元包括篮球运动的起源、篮球运动发展历程、篮球运动特点、篮球运动的作用等项目。

体育教学内容的各组成部分不是孤立存在的，相互之间具有一定的联系。体育教学内容内在联系的基本形式有如下两种。

一是序列联系，即体育教学内容各组成部分按某种次序排列。例如，篮球运动发展历程按年代先后排列；武术基本手型和步型、基本功、基本动作与组合、套路则按学习顺序排列。

二是部分与整体联系，即体育教学内容的一个方面是另一方面的构成要素，如个人有球技术和个人无球技术是篮球个人技术的两个内容，而个人有球技术又有运球、传接、投篮等技术。

实际上，许多体育教学内容的各组成部分之间的联系是综合性的。例如，武术基本手型和步型、基本功、基本动作与组合、套路教学等这些基本环节之间存在序列联系，而各环节又由若干并列的下属知识和技能组成。例如，基本功又分臂功、腿功、腰功等；腿功又由正踢、侧踢、里合、外摆、弹踢、侧踹等腿法组成。

例如：下面是"体验足球、快乐成长"小甲Ａ足球活动案例。

体育教师在体育教学中先进行小足球的技巧层次的学习与训练。

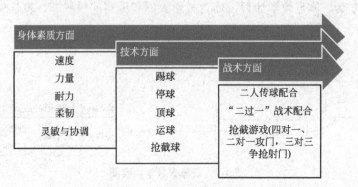

图 4-2　小足球学习与训练图

技术方面：踢球、停球、顶球、运球、抢截球。战术方面：二人传球配合、"二过一"战术配合、抢截游戏（四对一、二对一攻门，三对三争抢射门）。专项身体训练：柔韧（压脚背、踝关节、髋关节绕环），灵敏（各种姿势起跑、变向跑、折返跑、俯卧转体起立），力量（仰卧起坐、原地快速蹲起、双脚前蹲跳、单脚跳、俯撑墙壁压伸、单杠悬垂）等。

注意上述内容的次序排列和各组成部分之间的综合性联系。

体育教师还根据少儿足球特点，编排了一系列的足球游戏。

（1）7人制小甲Ａ足球比赛。比赛时间为全场40分钟。两队参加，每队上场学生为7名，其中1名为守门员。在比赛中任何一队因队员被罚出场，使得其场上队员少于5名时，该队即被判负。比赛不限制替补队员人数，但被替换下场的队员不得重新上场比赛。

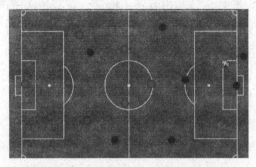

图 4-3　7人制小甲Ａ足球比赛示意

（2）"抢断球"游戏。6人组成一个圆圈相互传球，2个人在圈内抢断球。如果圈内的人抢断成功，就与传球失误的人交换位置。在传球过程中应注意不要过于用力踢球，把握好传球的方位与力量。这一活动主要的目的是培养儿童的球感与传球的角度与力量，通过足球游戏体会足球运动所带来的快乐。

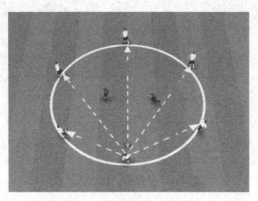

图4-4 "抢断球"游戏示意

（3）"百步穿杨"射门比赛。场地设一标靶，标靶长5米、高3米，根据难易位置标出不等的分值。每队出2名学生，在距离标靶20米处（低年级学生可相距10米处）向标靶踢球，每组射门5次，按球中标靶位置累计得分，得分高者胜。这个游戏能够培养学生的判断能力，充分满足学生的成就感，调动学生参与足球活动的积极性。

图4-5 "百步穿杨"射门比赛示意图

（4）传球射门比赛。3名学生为一队，场上两队进行比赛。其中一队进攻，另一队防守，还需要安排一名守门员。进攻者采用传球配合进行射门，另一队采用人盯人防守，阻止对方进攻。在规定的时间内，进球多者为胜。随后可以互换角色，或者再换另外一队或两队。这一游戏的目的是培养学生的判断能力与传球射门能力，通过相互传球与射门，培养学生之间相互配合的能力。

图 4-6　传球射门比赛示意图

（5）运球接力比赛。设计长 50 米、宽 2 米、迂回曲折的跑道。每隔 2～3 米设一个障碍，学生带球绕障碍跑到终点，途中球如果出界，将球放到出界处继续比赛，所用时间短者胜（低年级学生可运球从障碍物之间穿过，碰倒障碍物为失分，所用时间短者胜）。这个活动突出了小学生带球基本功练习，培养了学生的控球能力与判断能力，也培养了学生的身体协调与灵活性。

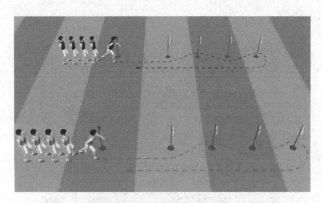

图 4-7　运球接力比赛示意

（6）踢球对战游戏。在地上画一条横线，在上面排上一些标志物，相邻两个标志物之间相距 30～50 厘米。踢球的人排成一横排。踢球人踢出的球未碰到标志物得 1 分，如果碰到了标志物则为负 1 分。开始时标志物间的距离可以大一些。这个活动将足球练习中的足弓踢球、正脚背踢球、移动步点踢球等多种方式融于游戏之中，以达到熟悉球性的目的，可以很好地让学生把握踢球的角度与力度。

图 4-8　踢球对战游戏示意

在体育教研组的指导下，以班级为单位开展足球游戏活动。内容包括运球、传球、射门三项比赛，具体操作由班主任负责，学校发给奖状。

开展班级之间的足球比赛。为了使"小甲A"足球比赛更具灵活性，符合学校的实际，采用模拟足球联赛，时间为20分钟+5分钟+20分钟，采用单循环赛制，比赛时间放在下午第3节的体育活动课上。评出各个班级名次，并评选出全年级最佳球队与球员。

利用周六活动时间，开设足球兴趣小组。保证兴趣小组的学生每周有半天的活动时间。不同年级可安排不同时间和场地，并由专门的教师负责监督与安全。

开展足球系列文化活动，提高学生体育素养。

（1）培育广大学生的足球知识，班级辅导员、足球教练带领学生观看中超联赛和英超、德甲、意甲联赛，扩大学生的视野和知识面，增强对足球的认识。

（2）开展足球知识小竞赛，以此激发学生对足球的热爱。

（3）设立并颁发少先队活动的足球奖章，引导学生通过各项足球活动，争获"团结章""拼搏章"等。

从上述介绍中，不难看出这个学校"小甲A"足球活动体育教学内容的结构体系和不同的层次，以及各组成部分之间的综合性联系。

二、体育教学内容分析

其实，体育教学内容分析就是对学生起始能力变为终点能力所需要的知识和技能及其上下、左右关系进行详细剖析的过程，它包括两个基本方面的工作。首先是选择体育教学内容，确定其广度和深度。体育教学内容的广度指学生必须达到的知识和技能的范围；深度指学生必须达到的知识深浅和技能复杂的水平。其次是揭示体育教学内容各部分之间的联系，安排其呈现顺序。

说体育教学内容时，要注意的是：

第一，在新的体育与健康课程的背景下，对体育教学内容的理解也发生了深刻的变化。体育教学内容是体育与健康课程标准的体现，要把握好体育教学的内容，落实好体育教学的目标，必须准确理解与运用好体育与健康课程标准，将体育与健康课程标准的要求落在体育教学实践中。说体育教学内容，就是在认真研读体育与健康课程标准和体育教学内容的基础上，系统地阐述选定教学内容、本节课体育教学内容在这个教学单元中或在这个知识点教学中的地位和作用，以及与其它单元、课题或其它学科的联系等，围绕体育与健康课程标准对体育教学内容的要求，将运动参与、运动技能、身体健康、心理健康与社会适应等课程目标化解到具体的体育教学环节中，确定教学的重点和难点以及课时的安排等。

第二，说体育教学内容时，应尽可能深刻地阐述自己对体育教学内容的理解和感悟，充分展示自己对体育教学内容全面的把控能力和驾驭分配能力。力求做到既要"说"得准确，又要"说"出特色；既要"说"出共性，也要"说"出个性。一般地，说体育教学内容主要包括以下两个方面。

（1）剖析体育教学内容。在认真研读体育与健康课程标准并分析教材编写思路及其特点的基础上，按照体育与健康课程标准对本年级学生体育学习方面的要求，简要阐述所选体育教学内容在本课题、本单元、本知识点、本年级或本学段中的地位、作用和意义，"说"出所选体育教学内容的学习重点和难点分别是什么，以及确定这些重点、难点的依据是什么等。

（2）说课时安排。根据体育教学内容的编写思路和结构特点，充分考虑学生的认知水平和年龄特征，对所选体育教学内容或课题提出合理的课时安排并阐述这样安排的依据。如果所选体育教学内容需要安排 2 课时或更多课时的教学时数，还应该对每课时的体育教学重点和难点的安排做出说明与陈述。

第五章 说体育教学目标

一、体育教学目标的概念

《教育大辞典》中教学目标为"教学中师生预期达到的学习结果和标准"。因此,可以把体育教学目标理解为,体育教学中师生预期达到的学习结果和标准。对体育教师来说它是教授目标,对学生来说它是学习目标。

体育教学目标是体育教学的依据,对体育教学方法的选择,对师生相互作用的活动安排,对教学效果的测量和评价都起着定向作用,只有明确体育教学目标,体育教学才能有的放矢。

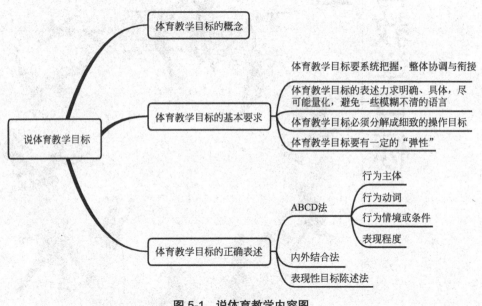

图 5-1 说体育教学内容图

二、体育教学目标的基本要求

1. 体育教学目标要系统把握,整体协调与衔接

体育教学目标应具有整体性,注意不同层次和序列体育教学目标的协调与衔接。不仅要设立各类各层具体目标,而且要使各类各层目标纵贯横联,形成一个完整和谐的系统,体现系统性、层次性、阶梯性和联系性。

例如：复习轮滑直线滑行技术，学习轮滑弯道交叉步技术教学目标案例。

（1）认知目标：学生回顾轮滑直线滑行技术，进一步理解重心转移、三点直线支撑原理。

（2）技能目标：熟练掌握轮滑弯道交叉步技术，完成重心转移、变化支撑腿的动作技术要领。

（3）情感目标：勇于展示动作美，形成合作学习意识。

2. 体育教学目标的表述力求明确、具体，尽可能量化，避免一些模糊不清的语言

体育教学目标设计是为了解决教和学要"达成什么"的问题，如果体育教学目标的表述含糊不清，不便理解、把握，势必会影响教学内容的选择和教学方法的运用，以及教学策略的制订和教学评价。正因如此，西方发起了克服教学目标含糊性的运动，出现了一些有助于教学目标具体明确的方法，如 ABCD 法、内部过程与外显行为相结合目标表述等。

例如：教学目标表述模糊不清的案例。

（1）通过有氧踏板操授课的学习，学生能初步掌握（什么程度是初步？）有氧踏板操的基本动作和练习方法（什么动作、什么练习方法？）。了解有氧健身练习运动负荷的特点和对身体的作用，能在教学活动中获取与有氧踏板操相关的（有哪些？）基本知识。

（2）在各种形式（什么形式？）的集体练习中，培养学生合作、自主、创新的意识，使之体验探究活动和共享成功的愉悦过程。

3. 体育教学目标必须分解成细致的操作目标

体育教学目标必须分解成细致的操作目标，才可使教学目标的要求落到实处。具体的体育教学目标包括学习目标和依据学习目标界定和编写的行为目标（子目标）。行为目标是衡量学习目标达成与否的具体目标，学习目标的达成有赖于行为目标的逐一实现。所以，学习目标分解直接关系到教学效果的优化和教学质量的提高。

例如：篮球人盯人防守和裁判基本知识教学目标案例。

（1）学习篮球人盯人防守的基本技战术，85% 以上的学生能运用人盯人基本技战术进行练习，提高学生防守能力和意识。

（2）学习篮球裁判基本知识，90% 以上学生熟悉和掌握裁判基本手势，部分学生能运用所学的裁判知识进行判罚。

4. 体育教学目标要有一定的"弹性"

体育教学目标受多种因素的影响和制约，保持体育教学目标的稳定性是相对的，而体育教学目标的发展、变化是绝对的。这就要求我们在制订体育教学目标时，要保持一定的弹性，以便依据实际情况进行必要的修改或调整。

例如：具有"弹性"的体育教学目标案例。

（1）80%以上的学生能感知匀速跑的基本要求，知道跑动中口鼻需有节奏地呼吸，提高耐久跑的能力。

（2）90%以上的学生基本完成2分30秒×3的耐久跑练习，能用肢体动作称赞伙伴，体验体育课中激励性评价的快乐。

（3）参与"爬得快、叠得高、掷得准"的活动，95%以上的学生能感知伙伴互助的重要性，基本学会综合活动"闯三关"的方法，逐渐建立基本的规则意识。

三、体育教学目标的正确表述

不同层次的体育教学目标，其表述方式也略有不同。一般来说，学段和学年体育教学目标的表述相对抽象，陈述也较为宽泛，它们是制订单元教学目标和课时教学目标的依据。单元教学目标要稍具体些，它要根据某一单元的学习领域和学生的发展状况，用行为目标的形式把宽泛的目标分解得更加具体。目标要分解到可操作的程度，常常要与具体的情境联系在一起，并对目标的行为结果给予明确界定。目前国内外较流行的陈述方法有如下几种。

（一）ABCD法

一个规范、明确的教学目标表述应包含四个要素：行为主体（Audience）、行为动词（Behavior）、行为情境或条件（Condition）、表现程度（Degree），简称ABCD法。

1. 行为主体

行为主体指的是学生。体育教学目标所预期和描述的是学生的行为，而不是体育教师的行为。因此，规范的教学目标开头应该是"学生……"。事实上，在表述教学目标时行为主体一般略去不写，但目标表述的方式仍应较明确地体现出学生是行为完成的主体，如（学生）能说出行进间单手肩上投篮的动作要领。如写成"教会学生……"或"培养学生……",则易变为体育教师的行为。

2. 行为动词

行为动词用以描述学生所形成的可观察、可测量的具体行为,可分为模糊的与明确的动词。模糊的动词包括指导、了解、喜欢、相信等。明确的动词有陈述、选出、比较、模仿、示范、改编、接受、服从、拒绝等。在表述体育教学目标时,应尽可能选用那些意义明确、易于观察的行为动词。

3. 行为情境或条件

行为情境或条件是指影响学生产生学习结果的特定限制或范围,主要说明学生在何种情境或条件下完成指定的操作。对行为条件的表述,体育教学中常用的有:①环境因素,包括对学习空间、学习地点的限制,如"在沙坑里完成纵跳";②作业条件因素,包括对器材的高度和重量的规定,以及允许或不允许使用器材与辅助手段等,如"用4千克的实心球向前抛、向后抛"或"在同学的保护和帮助下跳过山羊";③提供信息或提示,如"借助人体解剖图,说出……";④完成行为的情境,如"在课堂讨论时,叙述出……"。

4. 表现程度

表现程度是指学生对目标所达到的最低表现水准,用以评量学习表现或学习结果所达到的程度。表现程度一般采用定量的指标或标准,一般包括:①完成行为的时间限制,如"5分钟内,跑完……米";②准确性,如篮球投篮"90%投中";③成功的特征,如引体向上一组"至少完成5次……"。

(二)内外结合法

上述ABCD法虽然描述教学目标比较具体,避免了模糊性。但是也有缺点,它过分强调行为的结果,而不注意内在的心理过程;只注意行为的变化,忽视内在能力的变化和情感的变化。而且在目前情况下,具体教学实践中有好多心理过程还无法行为化。因此,描述心理过程的术语尚不能完全避免。为此,可以采取格伦兰(N. E. Gronlund)提出的内外结合的方法,先用诸如记忆、知觉、理解、创造、欣赏、热爱、尊重等描述内部心理过程的术语陈述教学目标,再用可观察的行为作为例子使这个目标具体化,将内部心理过程和外显行为结合起来描述教学目标,既避免了用内部心理过程描述教学目标的抽象性,又防止了行为目标的机械性和局限性。

例如：内外结合法制订体育教学目标案例。

普通高中《体育与健康（体育）课程标准（实验）》运动技能领域中"获得和应用运动基础知识"水平五的目标是"认识多种运动项目对改善身体健康、心理健康，提高社会适应能力的价值"。这是内在心理的变化，不能直接观察和测量，怎样才算认识了，认识到怎样的程度，只能列举一些反映内在心理变化的例子。通过对这些具体行为的观察，来判断学生是否认识了运动项目对改善身体健康、心理健康，提高社会适应能力的价值。于是，我们可以列举诸如"能用自己的语言说明运动项目对改善身体健康、心理健康，提高社会适应能力的价值""能举出3个运动项目改善心理健康的实例"之类的行为目标来证明学生确实已经认识"多种运动项目的价值"。

（三）表现性目标陈述法

作为行为目标的改进，内部过程与外显行为相结合的目标既克服了行为目标的机械性和局限性，又强调了内在心理过程的变化，是一种折中的方法。然而，人的认识和情感变化并不是通过一两次教学或参加一两次体育锻炼活动以后便能立竿见影的。例如，在认知方面的高级认知策略和反省认知能力的提高，在情感方面的态度、品德的培养等，都需要经过长期的持续努力。体育教师也很难预期一定的体育教学活动后学生的内在心理过程将会出现什么变化。为了弥补上述两种陈述目标方法的不足，艾斯纳（E.W.Eisner）针对情感领域的教学提出了表现性目标（Expressive Objectives）。这种目标要求明确规定学生应参加的活动，但不精确规定每个学生应从这些活动中习得什么。例如，爱国主义教育方面的一个表现性目标可以这样陈述："学生能认真观看奥运题材的录像片《零的突破》，并在小组会上谈自己的观后感"。心理学家认为，这种目标只能作为体育教学目标具体化的一种补充，体育教师千万不能依赖这种目标陈述方法，不然，他们在陈述目标时又会回到传统的老路上去。

需要说明的是，由于实际体育教学的复杂性和多样性，体育教学目标的拟写未必严格套用此法。一些较复杂、高层次的情感社会适应目标，只有少数能用可观察和可测量的术语来描述，大多时候要采用定性的语言，并且表达也不尽准确和清晰。因此，在表述体育教学目标时，既应考虑其具体性、可测性，也要考虑某些目标的特殊性。

说体育教学目标要注意的是：在很多中小学，并没有要求必须以体育与健康课程标准划分的运动参与、运动技能、身体健康、心理健康和社会适应几个目标进行阐述，而是要求以体育知识与技能、体育教学过程与方法、学生情感态度与价值观这三个目标为依据来进行阐述，所以说课者就要从认知性学习目标、技能性学习目标和情感学习目标三个方面进行分层化解，阐述依托体育教学内容载体实现这些目标要求的途径与方法，体育教学目标化解越具体，体育教学活动安排就越科学合理，操作性与可行性越强。当然，强调体育教学目标的具体化时，也不要孤立地对待每一个教学目标，而是要把这些教学目标的达成贯穿于具体的学习内容中，无论是三个还是四个目标，应使它们既相对独立，又互相补充，成为一个有机统一的整体。

第六章 说体育教学方法

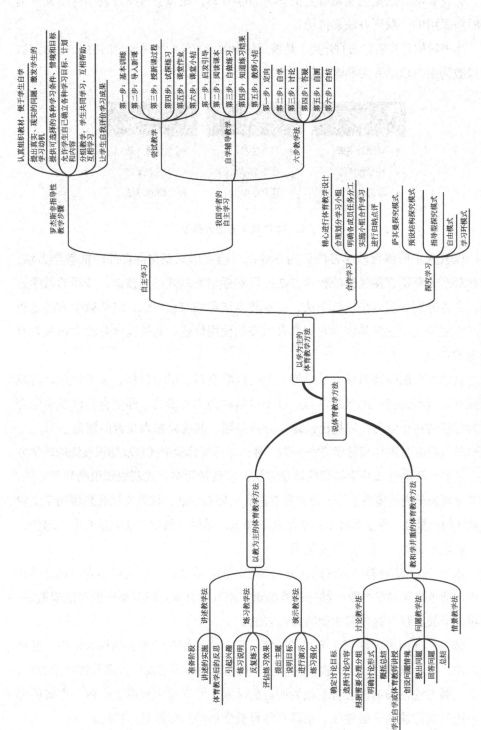

图 6-1 说体育教学方法内容图

体育教学方法是为实现既定的体育教学目标，在体育教学过程中师生共同活动时所采用的一系列办法和措施。

本书对体育教学方法的分类，是按照体育教学方法中主体因素的构成来进行的，即以教为主、以学为主和教与学并重。

以教为主	以学为主	教与学并重
• 讲述教学法 • 演示教学法 • 练习教学法	• 自主学习 • 合作学习 • 探究学习	• 情景教学法 • 讨论教学法 • 问题教学法

图 6-2　体育教学方法分类图

以教为主的体育教学方法分为三种：以语言形式获得间接经验的教学方法；以直观形式获得直接经验的教学方法；以实际训练形式形成技能、技巧的教学方法。三者分别表现为讲述教学法、演示教学法和练习教学法。这些教学方法之所以经常被采用，主要是因为它们都有重要的使用价值，对提高体育教学质量具有特定的功效。

以学为主的体育教学方法分为三种：以学生自定学习目标、学习计划，自我把握学习进程为特征的自主学习；以小组活动为主要形式、师生合作以及生生合作为特征的合作学习；以提出问题、分析问题、解决问题为线索的探究学习。

教与学并重的体育教学方法分为三种：以感受体验形式获取知识技能的教学方法；以参与互动形式获取知识的教学方法；以质疑问难形式获取知识的教学方法。三者分别表现为情境教学法、讨论教学法和问题教学法。这些方法注意调动学生参与教学的积极性，学生通过主动活动获取知识，是体育教学方法的重要组成部分。

对以上分类，有三点需要说明。

第一，三类体育教学方法的区分只是相对的。其实，无论是以学为主还是以教为主，或者是教与学并重，都是相互渗透、相互融合的，没有单一的学法或教法，这里的分类，仅仅是就其主要特征而言的。

第二，前两类方法属于方式的范畴，后一类方法属于方式的综合运用。前两类方法，可以理解为包含要素较为单一、具有较为鲜明的操作步骤与程序的方式，而后一类方法，与前两者有着较为明显的区别，它在很大程度上是两类方式的综合，既具有方法的一般特征，也具有体育教学活动总体概括的特征。

第三，三类教学方法在体育教学中究竟如何运用，要视具体情况而定，但其出发点和落脚点，都是为了培养学生分析问题和解决问题的能力，发掘其潜在能力。一般说来，以教为主的体育教学方法要向学生示范的方向发展，把这些方法最终变为学生的学习方法；以学为主的体育教学方法，要注意发挥这些方法的引导功能，使学生掌握得纯熟而有成效；教学兼重的体育教学方法，要注意使教与学有机结合，使素质教育真正在课堂上得到落实。

一、以教为主的体育教学方法

(一) 讲述教学法

讲述教学法是指以体育教师为主导，由教师以口述语言向学生传授体育知识、技能的教学方法。在这种方法的运用中，体育教师系统、有组织地向学生进行体育知识的传授，用言语传递体育学习内容，达成预设的体育教学目标，而学生则要尽可能完整无误地掌握所学的内容。

在体育教学中运用的讲述教学法大体可分为三个阶段，第一阶段是准备阶段，第二阶段是讲述的实施，第三阶段是体育教学后的反思。

1. 准备阶段

（1）体育教师需要制订明确的体育学习目标。因为讲述教学侧重的是向学生传递一套系统的、有价值的体育知识，因此体育学习目标更多的是描述学生要达到的行为。

（2）拟定和准备体育教学内容。体育教师需要收集有关资料，并按照体育教学内容的要点将材料加以整理，循序渐进、由浅入深地呈现主题。

（3）分析学生背景。虽然讲述教学并不能照顾学生的个别差异，但学生的总体特点需要加以考虑。

2. 讲述的实施

（1）导入。所占时间较短，其作用是引起学生的注意和引发学生兴趣，也可将学生已有体育知识、技能与新知识、技能建立起内在联系。

（2）讲述。按讲述提纲所罗列的内容逐一讲述。讲述的内容要尽可能与学生原有的体育知识、技能发生联系，符合学生的接受能力。同时，讲述要注意带有启发性。在讲述过程中，可不断提出问题并解决问题，为学生提供科学认识、解决问题的范例。

（3）总结。综合讲述内容的要点，将主要内容或结论再次展示给学生，使学生能够加深对这些问题的认识，形成对讲述内容的完整印象。

3. 体育教学后的反思

体育教学后的反思，可以认真思考一下讲述教学中，是否真正把学生的兴趣激发出来了，激发的程度如何；体育教学目标是否达成了，是全部达成还是基本达成；体育内容的讲述是否层次分明、系统完整；语言的表达在哪些方面还需要进一步改进；体育教学方法的运用是否恰当；学生的反应是否热烈等。这些问题的思考，能在一定程度上保证体育教师清醒地认识自己讲述教学的利弊得失，并且为今后的体育教学打下坚实的基础。

（二）练习教学法

练习教学法，一般来说是指学生在体育教师指导下，通过重复性的操作，正确掌握体育动作、形成技能与技巧的过程。

它具有以下基本特征：练习是由学生自行操作和完成的；练习涉及的内容是多方面的，既可涉及体育知识，也可涉及体育技能或动作；练习的目的是正确完成体育学习任务；练习常具有重复性和可再现性。

练习教学法大体分以下几个步骤进行。

（1）引起兴趣。体育教师应向学生介绍本节课的价值和重要性，引发学生学习兴趣，促使他们专心致志地学习。

（2）练习说明。说明练习注意事项、练习主要内容、练习要实现的主要目标等。

（3）反复练习。本步骤重在为学生提供练习机会。练习的方式主要有分解练习和完整练习。分解练习是指将所要学习的体育知识与技能，分为几个组成部分进行练习。当第一步练习掌握后，再练习第二步，直至完成所有内容。然后再把各步连接起来，整体练习，直到掌握为止。完整练习时不分步骤，把相关体育知识和技能作为整体反复练习，直到掌握为止。学生在练习的过程中，教师通过观察等手段加以指导。

（4）评估练习效果。体育教师通过观察、测验等方法对学生练习情况进行评估，指出练习中存在的问题，强化练习的效果。

例如：纵箱分腿腾越的分解练习方法案例。

（1）地上俯撑，蹬地两腿后摆，推手成分腿屈体立撑姿势的练习。

（2）用弹板做分腿挺身跳的练习，体会身体在空中的感觉。

（3）短距离助跑踏跳后做分腿屈体立撑、分腿挺身跳下的练习。

（4）助跑—踏跳—腾起撑高垫（70～80厘米）成蹲撑或分腿立撑的练习，熟练助跑、踏跳与第一腾空结合技术。

（5）山羊分腿腾越练习。逐渐加大踏板与山羊之间的距离；适当提高山羊高度；提高后摆腿和加大腾起的高度。

（6）在帮助下完成分腿腾越动作。练习过程中，先可稍微降低器械高度，随着练习者能力的不断提高，逐渐升高器械，直至正常高度。

（7）在纵箱远端做出标记，做手撑远端分腿挺身跳下的练习。要求练习者跃起推手时，必须撑在标志带或白线以前。

（8）独立完成纵箱分腿腾越动作。

（三）演示教学法

演示教学法是一种通过体育教师对技术、技能或操作程序的示范，配合适当讲述或多媒体等手段，促使学生掌握技术、技能、操作程序或深化对某一问题认识的体育教学方法。三个特点是：由体育教师亲自示范；演示的内容多为技术、技能、程序、事实、概念或规则等；学生主要是从观察中学习，而不是亲身去实践或参与具体的实施活动。

演示教学法操作步骤，大体可按以下环节进行。

（1）提出主题。在这个环节，体育教师要注意营造一定的演示氛围，引发学生的学习兴趣，同时提出演示的主题，向学生介绍演示主题的重要性，让学生进入到参与演示教学的状态。

（2）说明目标。在这个环节，体育教师需说明演示要达到的目的，讲解演示中涉及的相关知识，布置在观察时要注意的事项，让学生在观察演示前对演示主题有基本的认识，以便在观察时能把握重点，有所依循。

（3）进行演示。在说明演示概况的基础上，进行操作演示，完成演示的整个程序，使学生对演示主题有整体性认识。如果有必要的话，可以进行第2次或第3次演示，将演示技能分成几个组成部分，逐一分解并作详细演示。

（4）练习强化。在这个环节，体育教师可以提出问题，让学生围绕演示主题作进一步思考，也可以让学生自己动手操作，按照体育教师演示的步骤进行练习，通过这一环节的教学，使演示教学的效果得到进一步强化。

例如：跆拳道后旋踢演示教学案例。

后旋踢，也称后旋或后摆，是跆拳道的基本腿法之一，属于高难度腿法。在比赛中主要是用来攻击对方头部。

1. 后旋踢技术演示

（1）动作过程。

① 右架实战姿势站立。

② 以左脚掌为轴，身体向右转动。

③ 右腿屈膝抬起，脚尖勾起，转头看后方。

④ 身体继续旋转，腿向斜后方30度左右蹬伸，然后在空中划一个半圆形的水平弧线，用脚掌击打对方头部。

⑤ 击打目标后放松，屈膝收回小腿。

⑥ 转动支撑脚还原成右架实战姿势。

（2）动作要领讲述。

① 击打点在正后方，呈水平弧线状。

② 提膝、转头要同步进行。

③ 脚面在接触对方头部时要绷直，用脚掌呈水平弧线鞭打。

④ 身体重心在原地旋转360度。

⑤ 支撑脚应积极配合身体的转动，在完成整个动作之前，重心一直落在左脚掌。

（3）易犯错误。

① 不屈膝起腿，在开始时没有一个向斜后方向蹬伸的动作。

② 支撑脚没有积极配合身体的转动，提膝、转头不同步。

③ 脚面在发力之前就绷直，鞭打效果不好。

④ 不能用脚掌呈水平弧线鞭打。

⑤ 过早翻转身体而使重心不稳。

（4）教学步骤。将整个动作分成5个环节进行分解练习。

转身—屈膝抬腿—蹬伸摆腿—屈膝抬腿—转动支撑脚还原成实战姿势。

将整个动作分成3个环节进行分解练习。

转身屈膝抬腿—蹬伸摆腿—屈膝抬腿转动支撑脚还原成实战姿势。

将所有环节连接起来进行完整练习，速度由慢到快。

（5）练习方法与建议。

① 支撑脚前脚掌着地转动，转身同时向后蹬腿。
② 手扶栏杆或窗台、练习向后摆腿。
③ 先练习原地转动 360 度，右腿开始摆动时不要求高度，熟练后再逐渐升高摆动高度。
④ 进行完整的后旋踢动作练习。
⑤ 原地跳换步进行后旋踢练习。
⑥ 用脚靶进行后旋踢练习。
⑦ 练习腾空后旋踢。

2. 后旋踢战术教学演示

（1）进攻战术。
① 练习方法：双方穿护具右架闭式站立，蓝方先用前横踢进攻，等距离接近后再用后旋踢进攻。
② 注意事项：蓝方前横踢进攻主要是为了接近红方，等距离接近时迅速用后旋踢进攻；如果双方距离比较近，也可以用后旋踢直接进攻。

（2）反击战术。
① 练习方法：双方穿护具右架闭式站立，红方用前横踢进攻，蓝方立即用后旋踢进行反击。
② 注意事项：当红方用前横踢进攻时，蓝方要判断准确，特别是距离和反击的时机一定要把握好，这样才能达到反击的目的，否则有可能被红方的横踢腿击中。

（3）教学建议。
① 用脚靶练习原地固定进攻。
② 用脚靶练习原地固定反击。
③ 用脚靶练习移动反击。
④ 用头盔练习腾空反击。

二、以学为主的体育教学方法

（一）自主学习

自主学习是学习者对自己的学习活动进行事先计划和安排，并进行调节、修正和控制，对学习结果进行监察、评价、反馈。它是一种独立的学习，主动的学习。

自主学习与其他教学方法不同，它是以学生自主、主动、独立为特征的，因而并不见得有单一的操作方式与运行步骤。在一定程度上，具备了自主学习相关特征的教学，都可以称为自主学习，这样的学习难以用固定的步骤来限定。

1. 罗杰斯非指导性教学步骤

（1）认真组织教材，便于学生自学。

（2）提出真实、现实的问题，激发学生的学习动机。

（3）提供可选择的各种学习条件、情境和目标。

（4）允许学生自己确立各种学习目标、计划和内容。

（5）分组教学，学生共同学习，互相帮助，互相学习。

（6）让学生自我评价学习成果。

2. 我国学者的自主学习

（1）尝试教学。这是一种让学生在旧知识基础上先来尝试练习，引导学生进行讨论的教学程序结构，具体执行主要有6个步骤。

第一步：基本训练——是对旧知识的回顾和新授内容的铺垫。

第二步：导入新课——以旧引新，揭示课文主题。

第三步：授新课过程——学生自学课本；学生尝试练习；学生进行讨论；教师进行讲解。

第四步：试探练习。

第五步：课堂作业。

第六步：课堂小结。

（2）自学辅导教学。这种模式强调的是学生在教师的指导下自学教材内容，自己练习、检查并改正错误，培养学生的自学能力。自学辅导教学的五个步骤如下。

第一步：启发引导——在开始上课后5分钟内，教师从旧知识引进新问题，激发学生的求知欲望，并使学生了解学习目标。

第二步：阅读课本——学生按照各自的速度阅读教材。

第三步：自做练习——学生在完成阅读后就开始尝试完成课后练习。

第四步：知道练习结果——在做完练习后，学生自己对答案。

第五步：教师小结——在前四个步骤中，教师都不干扰学生的学习活动，不打断学生的思维，但必须保持在课堂上巡视，辅导差生，检查学生的练习，了解全班的学习情况，及时发现问题。下课前10分钟左右，教师针对前一阶段所发现的问题，向学生解答，并将学生的知识系统化。

（3）六步教学法。

第一步：定向——呈现教学目标摘要，确定每一节课的学习目标。

第二步：自学——学生按要求通读课文，自行分段落层次、归纳中心、解答问题，不懂的地方待讨论时解决。

第三步：讨论——将学生前后左右每四人分为一组，讨论段落层次的中心内容，统一认识。讨论也解决不了的问题，留待答疑时解决。

第四步：答疑——立足于由学生自己去解答疑难问题，然后由教师回答学生解决不了或没有完全解决的问题。

第五步：自测——根据定向目标提出的重点、难点以及学习后的自我理解，由学生拟出一组能短时间回答的自测题。

第六步：自结——下课前，每个学生在自己座位上口头总结这节课的学习过程和主要收获，再在学习成绩和学习能力不同的学生中分别选出一二名面向全班讲述自己的总结，其他同学补充，使不同层次水平的学生接受的信息得到及时交流和反馈。

例如：健美操教学自主学习案例。

1. 教学片段

（1）在学生基本掌握健美操的基本步法和动作之后，老师把学生分成6个小组。"下面以小组为单位，进行自主学习创编动作组合，看看谁的动作组合得最好，展示得最漂亮。"

（2）学生分组讨论创编，不能形成共识。所以创编动作感觉进展有些困难。

（3）教师巡回指导："你们可以这样组合啊。"体育教师在小组示范。

（4）学生展示动作组合，组合动作雷同居多，基本上都是老师的个人想法。

2. 教学片段分析

从上述体育教学来看，在本片段中体育教师为学生的自主学习提供了时间和空间，当学生得到解放、自主学习意识唤醒的时候，教师却让出了舞台，缺少对学生进行必要的指导和调控，所以课堂表现出无序、低效。

体育教师虽然为学生提供了健美操动作组合编排的平台，但是学生很少有新东西出来，雷同的内容较多。这是因为在自主或者合作学习的时候，体育教师不仅要提供给学生学习的时间与空间，还必须要有方法的指导。所以，让学生去创编的时候，首先要提出目标，例如：

(1) 必须有哪几个动作。
(2) 还要有几个新的动作。
(3) 在这个新的动作当中必须有2个人的合作或者3个人组合的动作。

就是说要提出一个合适的目标,其次,给出创编的方法,例如:

(1) 下肢和上肢动作的多种组合。
(2) 练习队形进行交错、排列、三角、圆周等变化。
(3) 给学生提示,根据音乐的节奏,在动作幅度和力度上再进行变化。

这些方法上的指导,为学生后面的创编指出了明确的方向。另外,在这种小组自主学习的时候,最好还要教会学生合作学练的方法,例如在合作学练的方法中学生的角色如何分配,即每个学生在这个学习过程当中是做什么的。也就是说,在学习中学生们应该有一个明确的分工,这样的合作才能落到实处。

(二) 合作学习

合作学习是以学生之间、师生之间的互动合作为特征,以小组学习为主要手段,使学生围绕共同目标开展协作学习活动的教学方法。它突出强调以下几点:共同目标,为共同完成某一目标或实现共同利益而合作;合作个体间的相互配合和协调,只有依靠个体间的配合和协调才能实现共同目标;个体目标和群体目标的同一性,合作中,在实现共同目标的基础上使个人目标也得以实现,因此获得共同利益的同时就意味着个人利益的满足。合作学习基本步骤如下。

1. 精心进行体育教学设计

在体育教学设计中,体育教师既要注重每节课的备课,也要重视单元整体备课,以此保证体育教学的流畅性、完整性和发展性,并突出知识的循序渐进性和环环相扣的特点。同时根据体育教学内容和学生实际,在准备教案时,分组活动的目的、形式、内容、时间、活动的工具材料、活动的要求等都要精心考虑和设计,这一切都需要在教案上有所反映,这样学生的分组活动才能在体育教师的精心指导下完成教学目标,获得较好的教学效果。

2. 合理划分学习小组

合作学习小组的划分一般可以依据学生的年龄、性别、学习能力、知识水平和技能等,采取同质划分(即将特质相同者分为一组)或异质划分(即将特质差异者划为一组)。从合作学习的功能来看,比较理想的是"组间异质,组内同质"

的划分方式，这样的划分有利于小组成员之间相互帮助，共同提高。也可以按任务的难易程度划分，即采用"组间异质，组内同质"的划分方式，让程度较好的小组完成难度较大的任务，让程度较差的小组完成难度较小的任务。还可以根据学生间的关系由学生自行组合。合作学习小组的划分要把握一个原则，即应有助于小组成员积极主动地参与学习过程，并能使小组成员彼此协作，相互支持，共同合作，以提高个人的学习成效和达成该团体的学习目标。

3. 明确各成员任务分工

（1）体育教师：确定教学内容、目标，设计或者帮助小组设计体育教学情境，进行学习指导，参与小组讨论，指导小组开展活动，要求小组长反馈情况，指导、鼓励落后的学生学习，对课堂所有活动全面组织，做好组织者、帮助者、监控者和参与者，及时给予学生科学的评估，使他们体验到成功与快乐。

（2）小组长：按要求组织本组的讨论和学习活动，检查学习情况，向体育教师反馈本组完成学习任务的情况，向同学展示本组活动成果，帮助落后生学习。

（3）小组成员：相互合作，互相帮助，为本组出谋划策，讨论问题，设置情境，完成任务。

4. 实施小组合作学习

各小组按照预先布置的学习内容进行讨论、探索。在实践中，充分体现组内合作，组间竞争，每人都有机会做主持人，承担本组内的交流、讨论发言、汇报等。小组活动时，体育教师引导各小组提出不同想法，鼓励发散思维，体育教师深入参与小组活动，充当咨询人和参与者的角色，注重发挥学生主体作用，让学生充分讨论、交流，使各组每位同学对问题达成共识。有了一定学习结果后，各组主持人汇报本组学习情况，讲析教学内容，组内成员可以补充或组间有不同意见可以辩论。

5. 进行归纳点评

在学生进行小组交流的基础上，体育教师可进一步进行归纳讲解，此时的讲解要做到画龙点睛，力求简要清晰，针对体育教学内容，根据学生合作学习情况进行补充、概括，帮助学生构建知识结构，完善认识结构，同时培养学生正确的学习方法。也可以根据学生学习情况进行适当的评价。评价时，首先评价学习的内容，以便学生了解自己小组的学习成果，自觉弥补缺陷与不足；其次评价各组学习行为和效果，以各组"自主学习、参与程度、团结合作、学习效果"等指标进行总体考察或以组间成绩优良生相比、成绩相对较差生相比进行样本考察。通过评价提高学生综合评述能力，同时培养学生合作、竞争、个体化活动（自由发言）等各方面能力。

例如：篮球行进间双手胸前传、接球的合作学习。

1. 体育教学目标

（1）学生了解并掌握基本的行进间双手胸前传、接球动作技术。

（2）学生提高分析动作技术的能力，培养合作探究精神。

（3）学生具有发现和提出问题的能力，具有解决问题的能力。

（4）学生获得亲自参与研究的积极体验，发扬创新精神。

（5）学会如何与他人沟通和合作。

2. 激发动机（情景创设）

播放 NBA 比赛录像片段（也可以选用其他学生感兴趣的图片和文字材料）10～15 分钟，然后让学生模仿练习，并设置如下问题。

（1）在篮球比赛中，运用最多的技术动作是什么？

（2）在篮球比赛中，队员之间相互联系和组织进攻的纽带是什么？

（3）传接球在篮球比赛中有哪些作用？

3. 合作性学习的实施

（1）成立合作性学习小组。合作学习一般采用异质分组，体育教师根据学生已有的篮球基础，采取自愿结合、优势互补、分工协作的原则将学生分成若干小组，每组 5～8 人。

（2）确定合作学习的目标和方案。首先，体育教师要根据课题让学生明确学习目标，提出具体要求，提供必要的教具和参考资料，以及知识、技能的准备。其次，每一小组制订出合作学习的方案，主要包括研究的实施步骤、学练形式、研究方法、小组人员的具体分工等。

（3）组织实施。

① 确定练习方法和形式。每一小组的学生在体育教师指导下对课题（行进间双手胸前传、接球）的动作技术要领进行分析讨论，并确定自我学练的方法和形式（学生可以自己设计，亦可以由教师提出）。

a. 两人练习。学生根据自己对动作要领的理解，两人合作进行行进间双手胸前传、接球练习，并回答老师提出的有关动作技术的问题。

b. 集体练习。由体育教师给出的行进间双手胸前传、接球的练习示意图及练习方法，每一小组的学生可以选用以下练习方法进行小组合作练习，也可以自己在老师的指导和帮助下设计出学练的方法和形式。

练习方法 1 见图 6-3，①②③④⑤按逆时针圆形移动，①传给③，③传给⑤，⑤传给②，②传给④，④再传给①，依次反复进行。

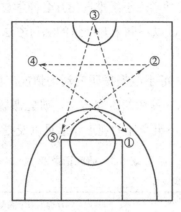

图 6-3　练习方法 1

练习方法 2 见图 6-4，三角传接球练习，分三组成纵队站立，各组相距 4～6 米，④传球给⑤，然后跑到⑤的队尾，⑤传球给⑥，然后跑到⑥的队尾，⑥传球给④，然后跑到④的队尾，依次反复练习。

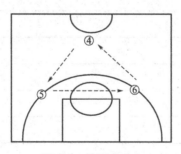

图 6-4　练习方法 2

② 提出疑问并进行小组讨论交流。学生在两人练习或集体练习过程中会遇到这样或那样的问题。比如，在行进间双手胸前传、接球时，同伴传过来的球怎么经常往身后跑？我为什么经常带球跑？各研究性学习小组在老师的指导下对同学们提出的问题进行分析讨论，并提出小组的观点和建议。

③ 练习巩固及创新。小组成员根据小组提出的观点和指导教师的建议，再次进行练习，并注意练习时的体会和感受。

在指导教师的诱导和启发下，各研究性学习小组自己设计行进间双手胸前传、接球的练习方法和形式，并进行练习。

④ 实践应用。二对一实战：队员 A 和 B 从半场开始行进间双手胸前传球，队员 C 位于罚球区附近作消极防守，最后由 A 完成单手肩上投篮（A、B、C 可以交换练习，也可以由小组其他同学进行练习）。

⑤ 成果演示。各研究性学习小组推选出几名同学进行行进间双手胸前传、接球的演练，鼓励小组创新，以不同于其他组的练习方法来演练，指导教师对学生的创新意识作出肯定。

⑥ 完成研究记录表。每小组根据研究活动情况，完成研究记录表，主要内容包括：小组的研究目标，具体的研究方案，研究课题的动作要领和学练形式，活动过程中提出的疑问，小组交流的观点和意见以及指导教师的建议等。

表 6-1　研究记录表

第____组研究记录表　　　小组成员_____

	项目	行进间双手胸前传、接球
研究的实施过程	1. 小组目标	
	2. 研究方案	
	3. 动作要领	
	4. 学练形式	
	5. 提出疑问	
	6. 小组交流	
	7. 分析反馈	
	8. 技术创新	
	9. 教师意见	

（4）合作性学习评价。评价除了关心研究结果外，还注重研究性学习过程中学生的态度、兴趣和收集信息、处理问题的能力以及研究体验、创新精神和实践能力的发展情况。学生根据自己在研究过程中的体会和感受，完成合作学习活动评价表（表6-2）。

在课题的研究过程中：

① 你觉得这种学习方式与以往有什么不同？

② 你更喜欢哪种方式？为什么？

表 6-2 合作学习活动评价表

活动名称_____　　　　姓名_____
日　　期_____　　　　小组_____

问　题	是	否	不确定
你能接受这种学习方式吗			
你对合作学习活动感兴趣吗			
你有没有积极参与研究的整个过程			
你有没有什么独到的见解			
研究时有没有与其他同学合作			
在活动过程中有没有听取其他同学的意见			
你和你的小组有没有提出新的观点和设计出新的学练形式			
在讨论或交流过程中有没有参与辩论或提出建议			

③ 最令你感兴趣的是什么？
④ 你从这次活动中学到了什么？哪些方面的能力得到了提高？
⑤ 同组成员对你的评价如何？
⑥ 指导教师的评语是什么？

评价实施的注意点：
① 评价要贯穿于合作研究活动的全过程。
② 合作学习评价既要考虑学生参与活动达成研究目标的情况，又要关注学生某一方面的特别收获，顾及学生的个别差异。
③ 评价的具体方案可以由指导教师提出，也可以在师生协商的基础上提出。

（三）探究学习

探究学习是学生像"小科学家"一样去发现问题、解决问题，并在探究的过程中获取知识、发展技能、培养能力，特别是创造能力，同时受到科学方法、精神、价值观的教育，并发展自己的个性。

探究学习的操作步骤，主要包括提出问题、决定探究方向、收集并整理资料、得出结论、采取行动等。在实际教学中，国外将几种常见的教学结构模式均纳入探究学习模式（表 6-3）。

每一操作步骤中的具体内容，可参照表 6-4 进行。

表 6-3 探究学习的 5 种模式

模式	提出问题	决定探究方向	收集并整理资料	得出结论	采取行动
萨其曼探究模式	教师提供问题情境：一个能引起学习者兴趣的事件或现象	学习者提出"是"与"否"之类的问题来寻求探究方向	学习者既要收集又要整理资料	学习者推测结论，并用"是"与"否"之类的提问来检验结论	不做要求
预设结构探究模式	教师提供需要调查研究的问题，以及解决问题所需要的方法和材料	学习者通过探究结果决定探究方向	学习者只需要整理资料	根据收集的数据进行概括，找到问题答案	不做要求
指导型探究模式	教师只提供需要调查研究的问题，有时提供材料	学习者确定具体探究方向	一般情况下，学习者既要收集又要整理资料	根据收集的数据进行概括，确定如何回答问题	不做要求
自由模式	学习者完成	学习者完成	学习者完成	学习者完成	不做要求
学习环模式	学习者完成	学习者完成	学习者完成	学习者完成	学习者运用新获得的知识

表 6-4 探究学习的操作环节与具体内容

步骤	内容	需解决的问题	活动形式
明确问题	辨别并界定问题，包括： 产生兴趣 构建现有知识 结合过去的经验 确定几个可能的调查方面	我们要解决什么问题 为什么我们要探讨它 我们对问题已经有了哪些了解	设置情境，引导学生关注有关的主题，如实地考察，讨论一个价值悖论；考虑一个具有挑战性的问题；案例分析；研究地图、照片、广告、漫画；做游戏或进行角色扮演
确定探究方向	形成预测或假设，包括： 广泛搜集有关问题 辨别并提炼出主要问题 选取中心问题	我们能做什么样的预测或假设 我们怎样解释它 我们应以什么为中心展开探究	运用"头脑风暴"等研讨形式提出可能的预测或假说，并确定调查的方向
组织探究	设计、制订探究方案 确定人员分工 准备探究工具	我们打算怎样进行调查 我们需要哪些信息 我们怎样获得这些信息 怎样分工才能最大限度发挥人力、物力的作用	取得一致意见 制订计划，划分小组 制订小组行动方案 明确个人的任务 分析所需的资源 制订时间表
收集资料	通过各种途径、形式搜集数据资料（搜集资料不仅是目的，更是了解事物的手段）	我们能用谁的、哪儿的、什么样的信息 这些信息与研究问题有什么联系，对研究问题有多大的作用 这些信息反映了什么人的观点 我们怎样从中发现其他的信息 我们将以何种形式使用这些数据	参观和实地考察 调查和采访 进行实验 查阅文献 观看影视录像 个案追踪分析

续表

步骤	内容	需解决的问题	活动形式
整理资料	数据资料的筛选、归类、统计、分析、比较，包括： 组织和提供数据 通过分类形成或修正概念 比较和对照结果 讨论问题和假设 评估	我们怎样对获得的信息进行分类 这些信息中哪些是有用的，哪些是无用的 我们应根据什么标准对信息进行筛选和分类 我们能发现什么联系，得出什么结论 这些结论对我们的观点有什么影响	制作和解释图表 小组讨论 价值观的分类 指出偏见 评价信息来源的有效性 使用计算机和数据库
得出结论	要求学生表达自己在探究过程中形成的见解，并且和别人进行交流，包括： 解释获得的信息 形成并修正判断 证实、抛弃或改变假说与预测（如果结论与预测不吻合，应重新确定探究的方向，拟订方案，组织探究）	我们得出了什么结论 这些结论与我们的预测或假说有哪些异同点 哪些证据证明了我们的结论	做一个模型或挂图 进行一次角色扮演 完成一份报告或一次谈话 编写一个故事或戏剧小品 做一个录像或录音带 举行一次辩论 做总结发言 组织一个展览

例如：排球正面上手传球的探究学习案例。

1. 学习目标

（1）学生充分了解排球正面上手传球的技术原理与要点，探究获得最佳击球部位与击球点的有利途径，并设计最适合于练习的方法，进一步提高完成技术动作的质量。

（2）学生探究不同情况下怎样移动选位最有利于传球技术动作的完成。

（3）学生培养创新的思维与能力，具有团结协作的精神，做到互帮互学共同提高。

2. 课前准备

在前几次课的学习基础上，将全班分成4大组12个小组，以分组合作，自主分工；分组研讨，合作探究；分别展示，集体交流。将课堂作为学生实践、体验、交流的平台。

（1）搜集资料小组。书籍、图片、文字、影像等资料，寻找理论依据与正确的感性认识。

（2）理论探讨小组。以已知的知识为切入口，认真分析不同情况下正面上手传球技术动作的区别与关系，探讨技术原理在实践中的合理应用。

（3）设计小组。在体验分析认识中提出个体需要解决的问题，并将问题进行归类，探讨具备哪些条件才能完成理想的传球动作，获得理想的传球高度和传球方向（路线）。设计解决问题的方法与途径：练习小组针对各自的问题，设计出适合于本组的 1～2 种练习方案；各组交流。

3. 学习过程

（1）各组参照课前准备资料，进行练习体验，提出问题，适时分别交流汇报。鼓励学生提问，提倡学生答疑。例如，怎样做到正面对准来球？获得最佳击球部位与击球点的有利途径是什么？具备哪些条件才能获得最佳传球效果？

（2）以技术原理为依据，以练习体验为手段，在学习的过程中，讨论归纳存在的问题，提出改进方法，进行练习体验。例如，移动选位与全身协调用力对传球效果的影响是什么？怎样改进？

改进方法：

① 纠正起动时身体姿势与蹬地用力的方向——不同方位的移动练习。

② 纠正传球时全身协调用力与传球动作——不同方位的移动传固定球、传抛球，对传，定位定点传球等。

（3）以交流展示为方法，积极主动地参与到评价中。大组分工研讨，小组分别制订练习方法；大组互评，人人参与点评，充分体会成功的愉悦。

4. 实施方法

（1）学生：为了确保学生参与练习体验的时间，各组针对自己的学习重点练习体会，并总结归纳与邻组交流。

方法：双号组间交流；自由选组交流；同类问题组合作探讨；集体交流。

体育教师：为了更好地掌握学生在学习过程中心理变化与知识、技能的需求，保护学生的求知欲望，调动学习积极性，结合学生实际，合理搭设探究学习的平台。

方法：对学生搜集的资料归类与分析；帮助学生找出学习内容的知识点；帮助学生分析不同问题的切入点；与学生共同设计最佳的学习方法。

（2）学生：人人参与分析、设计切实可行的学习方法和练习手段，大胆创设素材，以小组归纳，大组汇总，在交流中达成共识并合理制订各自的学习策略。

方法：组内分工（展示交流；分析归纳；设计体验方法与策略；点评、互评）；班内分工（归纳问题，提出改进手段；设计改进策略；搜集反馈意见，总结学习成果）。

体育教师：指导学生分析归纳；设计体验方法与策略。

方法：体育教师巡视观察，适时参与到学生中，引导学生参与探究，教会学生应用有关学科知识和体育知识完成体育技术的学习和技能的提高。

三、教和学并重的体育教学方法

(一) 讨论教学法

讨论教学法是在体育教师的组织和引导下,学生通过语言交流达到预期教学目标的一种教学法。讨论教学法无论是在表现形式上,还是在师生相互关系上,都与讲述教学法有很大的差别。在讨论中,学生更多地参与学习过程,对问题进行深入探讨,提出各自不同的观点与见解,而不再是一味静听与旁观。

讨论教学法基本步骤如下。

1. 确定讨论目标

在组织讨论前,体育教师要明确讨论预期达到的目标。一般说来,讨论教学要达到的目标可分为两类。一类是学术目标,是指让学生通过小组团队的分工合作、相互依赖、相互鼓励,共同完成学习任务,实现学习目标,从而激发个体的学习愿望,并获得对学习乐趣的体验。学术目标的确定要依据学生的体育学习水平,要与体育教学内容相适应。

另一类学习目标是社交技巧目标,这类目标是为了加强学习过程中学生之间的合作。它包括表达、沟通和分享技巧,主动探索的技巧,独立思考与问题解决的技巧。但在讨论教学中,体育教师普遍犯的一个错误就是只重视学术目标,忽视社交技巧目标。没有一定的社交技巧,小组活动同样无法顺利开展。在明确提出小组学习的任务和目标时,体育教师还需要向学生解释小组活动的成功标准。这样可以使小组合作成为可能,学生也可以更容易理解小组任务与目标的意义。

2. 选择讨论内容

一些体育教师在运用讨论教学时,其学习内容的提出是根据教材、教参来设计,因此既忽视了学生的兴趣和需要,也忽略了讨论教学的特点。一般说来,讨论内容选取的原则应着眼于学生的生活基础,以能挑战学生的智慧、有效引导学生的积极探索、激发学生体育学习的欲望为目的。

(1) 某些方法、结果容易出现意见分歧的内容。在争论的过程中学生能逐渐自悟,从而体现合作学习的价值。

(2) 方法不确定、答案不唯一的开放性内容。一些开放性、探索性的问题,可用多种策略解决,激发探究思维,让学生独立思考之后再进行充分的合作交流,可以改善学习效果。

（3）个人无法完成的复杂内容。有些操作性强、需要同伴的帮助才能完成的体育活动内容，适合通过小组合作进行。

3. 根据需要合理分组

讨论教学离不开学生之间的相互合作，科学合理地分组是有效进行讨论教学的重要条件。不同类型的讨论教学对于小组人数的要求是不一样的。小组的组建既要考虑学生自身交往能力的强弱，也要考虑学习内容的难易程度。对于那些还没有丰富经验的体育教师，建议从3人或4人的小组讨论开始，对于那些进行大班化教学的体育教师，可以考虑将7～8名学生分为一组。

体育教师在对学生进行分组时，应该考虑以下几个问题：应该把学生按照能力相近还是按照能力相差较大来分组；应该让学生自己选择合作伙伴还是由体育教师安排；小组活动应该持续多长时间；学生对分组有何意见，所选择的分组方式能否实现体育学习目标等。

（1）固定分组，是指根据站队或班级座位较为固定的特点，将前后相邻或左右相邻的学生组成一组。这是目前课堂合作学习中十分常见的一种方式，其优点是随时进行，节省时间，常用的有2人小组和4人小组。

（2）自由组合分组，是学生按照自己的意愿进行组合，组内的成员大多兴趣、爱好相投，感情相融，有利于激发学生的学习兴趣和培养学生的个性。相对固定分组，自由组合分组是一种随机性分组。自由组合实际上是一种非正式的、临时性的合作学习小组，它只为一次讨论或一节课临时组成，因此可以维持几分钟或者整节课。其目的是把学生的注意力集中到所学的材料上来，建立一种有助于学习的氛围。

（3）混合编组，是正式性的合作学习小组，是指在组建学习小组时，应尽量保证小组内的学生各具特点，保证小组成员是异质的、互补的。在进行混合编组时，体育教师要考虑以下一些因素。一是学生的成绩，要保证同一个学习小组包含有成绩好、中、差不同层次的学生，从而保证小组成员的多样性。混合分组能够保证好学生和落后学生都可以从讨论中受益。比如那些学习好的学生通过向其他同学讲解学习内容提高自己的认知、推理水平，通过参加小组活动，可以增强他们的从属感、接纳感和责任感；落后学生能够得到教师以外的来自本组其他同学的更多帮助，与其他同学共同学习可以降低他们的焦虑程度。二是学生的能力，有的学生口头表达能力强，有的学生观察能力强，有的思维比较敏捷，将这些具有不同能力优势的学生组合在一起，不仅能提高小组活动效率，更能有助于每个组员的全面发展。三是学生的性别，心理学的大量研究表明，不同性别的个体在认知风格、能力和性格特征等方面都存在着差异。在小组中混合男女学生可以丰富小组认识问题、分析问题、解决问题的视角，而多视角的产生则可以丰富学生的思维。四是学生的家庭背景，学生的行为习惯、思维方式和性格特点往往带有家庭的烙印，不同家庭背景的同学合作有助于他们适应将来的生活需要。

以上最常用的几种分组方法并不是相互对立的，体育教师在教学过程中综合使用，从而使分组更加合理。其实，无论分组有多少种方法，都可以归纳为同质分组或异质分组。同质分组是将年纪、背景、兴趣或能力相同的学生组成小组，异质分组则是将不同背景、文化和性别的学生分在一组。同质分组能够使学生按最适合自己能力的进度和水平工作，而当他们与程度相当的人相互交流时会特别感兴趣，并且能够相互激励、相互赏识，但当小组得不到正确的指导时，同质小组里相对弱的学生不能得到发展。异质分组能够使学生有更多的机会了解其他同学对问题的看法，但当小组缺乏明确的指导，或对一个人的背景有了先入为主的看法时，小组内部会产生疏远感。组间同质为全班各小组间的公平竞争打下了基础，组内异质为小组成员内部互相帮助提供了可能。

4. 明确讨论形式

在确定了体育教学内容和目标的基础上，体育教师应该考虑用何种方式组织讨论。

（1）开放式，由基本式和变式组成。基本式指全班不设统一讨论主题，小组讨论题目由学生提出，学生自愿组成讨论小组，各小组讨论的主题互不重复。这类组织方式的特点是，各组讨论题目完全由学生根据兴趣爱好自主选择决定，选题领域不受限制，比较适合学生兴趣与特长的发展；小组讨论课题互不重复，其成果丰富多样，经展示交流，拓宽同学的视野。

变式与基本式的不同点就在于，每一个讨论题目至少有两个小组各自独立开展。变式基本保持了基本式的优点，同时又便于形成组间竞争、组内合作。

（2）半开放式，也可以分为基本式与变式。基本式指全班确定一个共同的内涵丰富的讨论主题，然后由学生提出一个在该主题范畴下自己感兴趣的题目，将这些题目交全班讨论予以调整（如合并相近题目，删减不适当的题目等），确定一批可供讨论的题目。由兴趣相近的学生自愿组成学习小组，开展讨论，各小组讨论的主题相同但具体题目又不相同。半开放式的特点是，学生必须在统一的主题范围内，自主选择讨论题目。设定统一主题有利于引导学生关注体育科学发展的热点问题。

变式与基本式的区别在于小组讨论的题目可以重复，每个题目都有两个或两个以上的小组独立开展讨论，易于达到组内合作、组间竞争的效果。

(3) 集中式，是指由体育教师或师生共同交流，最后确定一个引起广泛兴趣的讨论题目，作为唯一的讨论题目，各学习小组独立开展讨论。这种组织方式讨论题目集中，但各小组讨论的视角、方法、过程乃至结果各不相同，差异性大，所以学习活动仍然具有开放性特点。但是组间竞争可能比较激烈，相应会引发组内学习伙伴间较强烈的合作动机；在小组讨论的基础上可以组织全班就同一问题开展讨论与交流。

5. 概括总结

由于在讨论中，学生的认识和看法常难以统一，得出的相关结论也并不见得正确。所以，在学生讨论之后，一般要有体育教师引导下的概括总结环节，将学生的不同认识加以罗列并进行有针对性的分析，要将学生的视角或思维引向深入，要根据讨论中出现的不同情况加以点评。有了这一环节，学生才能对问题形成较为清晰的认识，在凌乱的思绪中逐渐理出头绪。当然，这个环节，体育教师也可以引导学生来完成，并不见得完全由自己来讲解。

例如：篮球课上"另类"比赛法讨论的案例。

将上篮球选项课的学生20人分成4组讨论篮球课有哪些"另类"的比赛方法，讨论后4组学生分别设计的比赛方法如下。

(1)"每人触球制"比赛法的讨论。规定进攻方开始进攻到投篮前必须使本方队员每人至少触球一次，否则投中无效，判为违例。由对方发边线球重新开始比赛。这一比赛方法能有效减少"个人英雄主义"，提高学生相互配合的意识。

(2)"防守得分"比赛法的讨论。篮球运动的特点是攻防交替，即每次进攻之后必然有一次防守，有效的防守既扼制了对方的进攻，同时也让本方的进攻更有价值。为解决学生"重攻轻守"的现象，我们可采用防守得分的规则进行比赛，如抢断得1分，抢到后场篮板得1分，盖帽得1分等。

(3)"强弱均衡"比赛法的讨论。为了使实力较强和实力较弱的队比赛更有对抗性，可采用变换人数或要求的方法进行比赛。如让技术较好的4名学生对一般水平的5名或6名学生进行比赛；也可在人数相等的条件下改变命中得分分值，弱队中球得 3 分（三分球 5 分），强队正常记分。若两队实力悬殊，还可对弱队的进攻篮板、补篮记分。这样比赛双方比分不会拉得太大，双方拼抢也更积极。

（4）"对号得分"比赛法的讨论。比赛双方队员整体实力相当，但队内实力悬殊较大时，可采用该方法进行比赛。双方队员球衣号码从 1 到 5，该号码即为该队员投中一球的得分数。队中队员按水平从高到低依次穿 1 到 5 号球衣。三对三时实施 1、2、3 得分制。

上述案例中，讨论形式用的就是集中式，体育教师提出了"篮球课上可有哪些另类的比赛方法"的问题作为全班学生共同的讨论题目，各学习小组独立开展讨论。由于各小组讨论的视角、方法、过程乃至结果各不相同，差异性大，所以学生的学习活动是开放的，并且激发了小组间的竞争，相应促进了组内学生间较强烈的合作动机，各小组成功设计出了有趣和切实可行的另类比赛方法。

（二）问题教学法

问题教学法是以问题为中心的教学方法，它是把体育教学内容化作问题，引导学生通过解决问题来掌握知识、技术、能力，形成心理品质的一种体育教学方法。一般说来，问题教学法包括以下 5 个主要环节。

1. 学生自学或体育教师讲授

在正式进行问答之前要具备一个问答的前提，即学生应该具备了一定的体育知识（这是提出问题尤其是回答问题的知识），如果没有这些知识，那么问答型问题教学是无法有效进行的。那么，这些体育知识通过什么途径来具备呢？可以通过学生的自学，也可以通过体育教师的讲授。在这两种途径中，以学生自学较多。

2. 创设问题情境

问题情境是指学生在问题教学中所面临的一种"有目的但不知如何达到"的心理困境。问题情境与问题不同，但又有联系。问题情境的产生必须依赖于问题。没有了问题，学生也就不会产生心理困境。创设问题情境是问答型问题教学的一个重要环节。

3. 提出问题

在学生具备有关的体育知识因而具备回答问题的潜在可能性的基础之上，提出要思考和回答的问题。可以由体育教师提出问题，也可以由学生提出问题，其中以体育教师向学生提出问题较为多见。

4. 回答问题

提出问题之后，被提问者回答对方所提出的问题。可以是体育教师提出问题之后，学生回答；也可以是学生提出问题之后，体育教师回答；还可以是学生提出问题之后，其他学生回答（即学生之间相互问答）。其中，以体育教师提出问题学生回答的情况居多。

5. 总结

体育教师或学生回答问题之后，尤其是学生回答教师提出的问题之后，教师要作出反馈，并进行处理、归纳、小结。

例如：巧用问题教学法案例。

在体育教学中，有些教师只喜欢用讲述或演示的教学法，很少尝试用问题教学法。例如，一位初二的学生在体育课上练习正面双手头上向前掷实心球，体育教师在巡视时发现该生向前投掷实心球时出手的角度不正确，即投掷实心球时双手向下砸。教师走过去，用手指向该生说："你的动作错了，出手的角度不是向前下方，而是向前上方，大约40度。"学生听了连忙按照教师的意思练习起来。再如，一节市级公开课上，体育教师让初三学生自主练习蹲踞式起跑，一位女生起跑时，向前迈了一大步后就站直了身体向前跑。体育教师看见后，迅速指导："你的动作不对。"一边示范演示动作，一边讲解："第一步不能太大，否则身体重心掉在后面，起跑向前就不会快。"教师继续说："起跑时身体要前倾，前三步不能过大，起跑时大腿必须主动下压，你再练习几次。"学生一改原先的做法，重新练习了几遍。

上述两个案例中体育老师教什么，学生学什么，学生不会主动思考为什么这样做，以及怎样做才能更好，也就是说他可能学会了知识及技能，但没有学会如何学习。而如果体育教师善用问题教学法，就会取得更好的教学效果。

例如，对正面双手头上向前掷实心球的练习，教师可以这样问："你这样的出手角度对吗？请你想一想：炮弹射出去在什么角度下最远？"把讲述改为问题，当学生说出是45度角后，体育教师再问："那你把手中的实心球看作炮弹，又该怎么投呢？"在这样的问题启发下，学生需要思考一下，再进行练习。一旦找对角度，学生就会有一种顿悟后的成功感。

再如，在第二个教学案例中，体育教师可以这样提出问题："蹲踞式起跑和站立式起跑相比，优势在哪里？提示学生从身体的重心加以思考。"当学生说出蹲踞式起跑优势是身体重心在前，所以起跑更快。体育教师继续说："你说的很好，在起跑时控制身体重心在两脚的前面非常重要，你第一步跨了一大步，身体的重心在哪里？"学生做了起跑时跨一大步的动作，直挺挺站在那里，说："老师，我明白了，现在我身体重心在两脚之间了，第一步的步幅要小！"学生马上发现了新问题："老师，我起跑后前几步步幅小了后，就要向前摔啊！"体育教师可以这样继续说："你说的对，我们起跑时步频该快还是慢呢？"学生体验几次起跑后说道："老师，应该加快步频。"教师继续说："很好，那我们起跑时如何提高步频呢？"学生兴奋地说："您平时一直让我们做快频率的小步跑，那个频率是最快的。"体育教师连忙竖起了大拇指。学生随即练了起来，体育教师这样一步一步用问题教学，学生就会有恍然大悟的感觉，真正做到了"授之以渔"，而非"授之以鱼"，使学生终身受益。

由以上案例我们可以明显看到问题教学法所具有的效果。体育教师在教学时，不要急于"和盘托出"，而要耐心"引领导航"，要善于引导学生提出问题、思考问题，带着问题去进行学习，技能练习时思考越积极，练习的积极性也会越高，学习效率就会越高。

（三）情景教学法

情景教学法是指教师在教学过程中设定一个"情景"，用情景串联起学生的学习和练习活动，使学生通过更生动丰富的运动实践体验陶冶性情，提高运动能力，提高运动参与兴趣。在体育教学实践中，情景教学法运用的基本步骤如下。

1. 创设情景

要进行情景诱导和竞争欲望的调动。

（1）入景——情景设计。

（2）想玩——角色扮演。

2. 竞争欲望的调动

要不断激发学生强烈的情感反应。

（1）投远。

（2）投准。

（3）投高。

3. 情景体验

照顾学生的个体差异。

(1) 每个学生体验到运动乐趣。

(2) 每个学生体验到"成功"。

4. 情景中有比赛

(1) 情景激励——加油。

(2) 情景鼓励——超越。

体育课说课中要注意的是：说体育教学方法，就是根据本课题教学内容的特点、教学目标和学生学业情况，说出选用的教学方法，以及采用这些方法的理论依据。体育教学方法虽然多种多样，但始终没有通用的方法，"教学有法，教无定法"就是这个道理。为了实现最优化，常常需要在教育教学理论的指导下，对常用的教学方法进行优化组合，通过发挥多种教学方法的长处和优点，最终实现过程的最优化。体育教学方法的选择与运用往往受教学内容、学生特点、教学媒体、教师教学风格和授课时间的限制。教法与学法是体育教师组织体育教学和学生开展体育学习的两种不同活动的反映，教为主导、学为主体。说教法与学法，实际就是要解决体育教师的"教"如何为学生的"学"服务的问题。

第七章 说体育教学组织

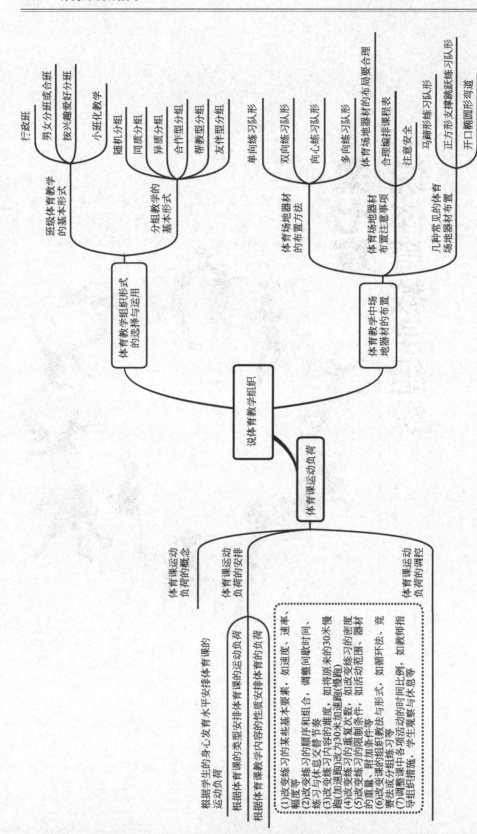

图 7-1 说体育教学组织内容图

体育教学组织是指体育教师根据体育教学目标、体育教学内容、学生实际情况和体育场地器材条件等，合理安排所采取的各种组织措施。

一、体育教学组织形式的选择与运用

（一）班级体育教学的基本形式

1. 行政班

在我国，目前比较正规的编班是 45 人左右为一个班。但是由于各种原因，现在有许多学校班级人数超过 60 人。这给体育教学带来了较大的困难。然而，就目前和今后一段时间内我国中小学的现状而言，体育课采用行政编班仍将是主流。关键在于体育教师如何开动脑筋，克服困难，想出办法，进行创造性的体育教学。例如，在一个行政班进行体育教学时，可采用分小班或分组的教学组织形式。

2. 男女分班或合班

《体育与健康课程标准》指出，中学生特别是高中学生，可考虑按年级进行男女生分班上体育课。在传统的体育教学中，有条件的学校到了高中阶段大多采取男女分班上课的形式，这是因为随着年龄的增大，男女生的各方面差异越来越显著，如体能、技能、兴趣和爱好等。为了方便体育教师教学，通常的做法是将两个平行班放在一起排课，然后将两个班的男生由一位体育老师上课，女生由另一位体育老师上课。很显然，这种做法大大方便了体育教师的备课和教学，因为男女生学习内容的选择有时会大相径庭，放在一起很难组织体育教学。

然而，在中学阶段，男女生合班上课也未尝不可。有的初中和高中都是男女生合班上体育课，男女生在一起踢足球、打篮球。学生们活动得很开心，也很投入，因为男女生合班上课可以激发学生的学习兴趣和表现欲，活跃课堂气氛。当然，究竟采用男女生分班上课还是合班上课，要视具体的情况而定。例如，如果大多数女生特别喜欢上韵律操与舞蹈课，大多数男生十分想学足球，就可以进行男女分班；如果有些男生想学舞蹈，有些女生想踢足球，进行男女生合班教学也未尝不可。

3. 按兴趣爱好分班

根据学生的兴趣和爱好分班，可以调动学习积极性，促进学生自觉地从事体育活动，使学生真正获得更多的体育知识、掌握技能。从《体育与健康课程标准》所设置的学习目标来看，高中阶段的体育学习内容更趋于集中，如在运动技能的学习领域中，不再要求学生像小学和初中阶段那样广泛地学习多种运动技能，而是有选择性地学好 1～2 项特别感兴趣的运动技能。这样有助于进一步激发学生的体育兴趣，促使学生形成体育锻炼的习惯。

能否按兴趣和爱好分班，实际上涉及以谁为主体的问题。实际上同一水平学生的兴趣和爱好相对是比较集中的，因此，我们可以在相对集中的一些运动项目中让学生进行自主选择。

4. 小班化教学

小班化教学是学校教育发展的趋势。随着教育理论研究的深入，人们发现教育的质量与受教育群体的人数有着密切的联系，同时还与群体、教师的位置有非常重要的关系。国外研究资料表明，在一个课堂里上课的学生数和他们所接受的直接信息是成反比的，即学生人数越多，他们的信息获得就越少。研究还表明，实践性课程教学的人数最好控制在 20～30 人，以便于教师及时关注每一个学生的操作情况。由此可见，学生越少，体育教师对每一位学生进行辅导与关注的程度就会越高。

（二）分组教学的基本形式

无论上课时学生的人数是多少，分组教学都是一种必要的体育教学组织形式。因为分组教学比较能体现因材施教、区别对待的体育教学原则，也比较容易发挥学生骨干的作用。下面介绍几种不同的分组教学组织形式。

1. 随机分组

这是分组教学的最基本形式。所谓随机分组，就是按照某种特定的方法或标志，将学生随机分成若干组。例如，体育教师用报数的方法将全班分成若干个小组。

随机分组具有一定的公平性，常在体育比赛、体育游戏时采用。这种方法的优点是简单、迅速；缺点是没有考虑学生在爱好、能力上的差异，无法很好地体现区别对待的体育教学原则。

2. 同质分组

所谓同质分组，是指分组后同一个小组内的学生在体能和运动技能上大致相同。

同质分组的方法在体育教学中运用广泛。例如，体操的支撑跳跃教学中，我们常设置不同高度的跳箱让学生有所选择，经过一段时间的练习，每个学生基本可以选择自己最适合的高度进行练习。篮球练习中，常常会很自然地形成水平高的学生在一个篮架下活动，水平差的学生在另一个篮架下进行练习；短跑练习中，学生总是要找与自己速度差不多的同学一起跑；耐力跑练习时，一圈刚过，队伍就已经分成了几段，这时形成的"集团"就是典型的同质分组。

同质分组的优点在于能增强体育活动的竞争性，符合学生争强好胜的性格，提高学生参与体育活动的兴趣。同质分组的不足之处是易在学生中形成等级观念，造成弱势人群的自卑感等。因此，体育教师在首次进行同质分组前，最好能给学生解释一下实施这一体育教学组织形式的原因，以免体能和运动技能较差的学生产生自卑感和降低学习的信心，体育技能好的学生产生骄傲和自满情绪。

3. 异质分组

所谓异质分组，是指分组后同一小组内的学生在体能和运动技能方面均存在差异，各组之间在整体实力上的差距不大。异质分组不同于随机分组，它是人为地将不同体能和运动技能水平的学生分成一组，或根据某种特别的需要对"异质"进行分组，从而缩小各小组之间的差距，以利于开展游戏和竞赛活动。例如，在进行接力跑游戏前，体育教师把跑得较快和跑得较慢的学生合理分配在各个小组里，此时形成的小组就是典型的异质分组；又如，在练习某一运动项目时，每个小组中男女生的比例相当，小组之间展开竞赛，这样的小组也是异质分组。

在中学体育教学中，特别是大城市的高中体育课，男女大多分班上课。许多体育教师也认为，在体育课上"同质性别"比"异质性别"的练习效果要好。但也有一些体育教师愿意采用"异质性别"的练习方法，他们认为因为男女生各自的表现欲都较强，在一起进行练习能起到相互激励的作用，同时也活跃了课堂气氛。

4. 合作型分组

合作学习是体育教学常用的学习方式，体育教学中学生合作学习的机会比其他课程更多一些，这主要是由体育活动的特点决定的。例如，在体育教学中，让学生通过合作来进行接力跑、双人操、搬运重物、传递等练习，其意义更大于活动本身，既能提高学生的体能和体育技能，更能增加学生的练习兴趣和热情，培养学生的合作意识和集体主义精神。所以说，在体育教学中，经常采用合作型分组，有助于促进学生体育学习目标的达成。

5. 帮教型分组

在合作型分组中，参与者之间的关系是平等的，是一种互为依赖的关系。但有时根据体育教学的需要，可以组织部分学生直接对其他学生进行帮助，这就形成了帮教型分组。例如，有一定体育专项技能的学生可以在自己所擅长的体育练习中帮助其他相对较差的同学，有时还可以指定学生进行"一帮一"的辅导。采用帮教型分组的形式所达到的体育教学效果要比体育教师一个人对众多的学生进行指导好得多，同时帮教型分组的形式是合作学习的一种很好体现。

然而，在帮教型分组中，由于学生之间所处的地位是不平等的，容易导致帮助者产生优越感、被帮助者产生自卑感的现象。因此，体育教师要使学生认识到，无论扮演什么角色，人与人之间都是平等的，每个人都有帮助他人和接受帮助的责任和义务。

6. 友伴型分组

如果让学生自己分组进行活动，大多数学生会选择与自己关系较为密切的同学在一起进行练习，这就是友伴型分组。从社会学角度来看，物以类聚，人以群分，人总是喜欢与自己熟悉的人、亲近的人聚在一起。因此，在体育教学中采用友伴型分组，可提高学生的体育学习热情，使每一个学生都体验到体育活动的乐趣。

与关系密切的同伴在一起练习，学生没有心理压力，并能得到同伴友情的支持。如一个不会踢足球的学生，在一个友伴群体中，其同伴会用友好的态度、热情的鼓励带他一起踢球，并给予指导和帮助，同时他也会放松地、毫无顾虑地与友伴一起活动。但长期的友伴型分组容易在体育课上形成"小帮派"，体育教师也应当考虑如何避免。

以上是多种分组教学形式，在体育教学中，应根据不同水平阶段学生的特点、不同的教学内容、不同的教学目标，选用适宜的分组形式或结合几种分组形式来开展体育教学。

二、体育教学中场地器材的布置

体育场地器材是进行体育教学的必备条件，场地器材布置是体育教学特有的教学组织工作之一，是实现体育教学目标的物质保证。充分利用和合理布置场地器材，有利于保证安全，增加练习密度，调动学生的学习积极性。

（一）体育场地器材的布置方法

体育场地器材的组织方法多种多样，同样的体育器材在不同的体育场地上可以布置成不同的形式。下面以推实心球为例说明体育场地器材的布置方法。

1. 单向练习队形

为保证学生安全进行体育练习，体育教师在选择、确定投掷场地时，可采用单向练习。单向练习队形是全体学生站在同一条投掷线上，在体育教师的指挥下，统一练习的一种队形。在体育场地设计时要用灰线标明学生的预备线、练习线和标准线。

2. 双向练习队形

在体育场地大、器材充裕，采用分组不轮换组织体育教学时，可采用双向的练习队形。其中有相向和背向两种类型。

3. 向心练习队形

在体育场地的中心位置画出达标线，学生站在圆周上，在体育教师的统一指导下向圆心方向进行练习。

4. 多向练习队形

在体育场地上划一个圆，学生分别背对圆心站立，向多个方向进行练习。

（二）体育场地器材布置注意事项

1. 体育场地器材的布局要合理

能够移动的体育器材，向固定体育器材靠拢；注意卫生和安全，必要时应划出清晰的标记；对活动范围不大的运动项目，如单杠、双杠、爬绳等器材，应尽量立于场地的边角和面积较小的地块；投掷场地的安排，应考虑到对其他体育练习的影响。此外根据学校的环境和条件，可充分利用地形组织体育教学。

2. 合理编排课程表

应充分考虑到体育场地和器材等情况；尽可能做到体育场地既不空闲，又不拥挤；体育教师备课时对同一时间上课的班级，应划分好体育场地使用范围，以免上体育课时互相影响。根据体育场地器材设备的具体情况，划分为几个教学块；每个教学块，有一定数量的体育器材设备，供体育教学使用。

3. 注意安全

体育课前应周密检查，如体育器材安置是否牢固，跑道上是否湿滑、不平或有砖块，沙坑是否疏松；在安排投掷项目练习时，应注意学生相互之间的距离，严防发生伤害事故。

（三）几种常见的体育场地器材布置

1. 马蹄形练习队形（图 7-2）

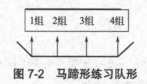

图 7-2　马蹄形练习队形

（1）马蹄形队形使每一个学生都面对面练习，使之一目了然。

（2）由于所有学生都清楚地观看到练习情况，所以学生能较自觉地排好队，体育教师便于管理课堂纪律。

（3）每个同学练习时都在同一起跑线上，并且和其他同学分开。所以相互干扰少，有利于练习的正常开展和各种体育比赛的进行。

（4）队形在一个长 15 米，宽 5 米的长方形内，体育教师讲解示范非常方便。

2. 正方形支撑跳跃练习队形（图 7-3）

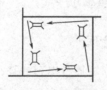

图 7-3　正方形支撑跳跃练习队形

（1）正方形是一个封闭的队形，气氛热烈且与外界的相互干扰少，学生较易集中注意力，特别适合在体育场地上同时有几个班级上体育课的时候用。

（2）体育教师、学生与体育器械三者之间距离适中，练习和讲解示范队形不必变动，有利于提高体育课的利用率。

（3）对于任何一个组的同学，体育器械都有纵、横、远、近几种。在练习中学生站在自己队伍里时，可以观看到不同角度、不同距离的技术动作，形成全面的、正确的动作表象，提高感性认识。

（4）体育场地、器材布置整齐美观，有利于队形的调动。

3. 开口椭圆形弯道（图7-4）

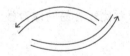

图7-4　开口椭圆形弯道

（1）占地面积少，弯道距离长，能较好地适应无田径场地学校的弯道跑体育教学。

（2）由于两个弯道间隔距离近，距离与弧度相等，所以为弯道跑体育教学和比赛提供了一个距离相同的条件。

（3）练习时学生相对集中，有利于体育教师进行教学管理。

（4）图形美观大方，不落俗套，易激发学生的体育学习热情。

三、体育课运动负荷

1. 体育课运动负荷的概念

体育课的运动负荷是指学生在体育课上学习时运动量与强度的负担，是身体练习对机体刺激程度的反映。体育课中的运动负荷安排是否合理，是否符合学生的身体特点，不仅关系到学生的体质与健康，而且直接影响学生对运动知识的掌握和运动技能的形成。

2. 体育课运动负荷的安排

根据学生身心特征和体育教学过程的基本规律，体育课的运动负荷一般应由小到大，逐渐加大，并且要大、中、小负荷合理交替，当体育课快要结束时，应逐渐降低运动负荷的量，在下课时，要使学生的生理机能状态基本恢复到相对安静的状态。在安排体育课的运动负荷时，应注意以下几点。

（1）根据学生的身心发育水平安排。体育教师应酌情考虑学生年龄、性别、身体体能、基础水平、体质状况等方面的因素，合理地安排好体育课的运动负荷，并注意区别对待。

（2）根据体育课的类型安排。体育复习课、考核课的运动负荷一般相对大一些；体育综合课的运动负荷应相对适中；而体育新授课和引导课的运动负荷应相对较大一点。

（3）根据体育课教学内容的性质安排。不同的体育教学内容，其性质、结构、难易程度等都各不相同，对运动负荷的要求也不一样。较难的体育教学内容，运动负荷应相对较小，而对比较容易的体育教学内容来说，运动负荷可以在相对较大的范围内。

3. 体育课运动负荷的调控

如果说安排体育课的运动负荷是体育教师在体育教学设计时考虑的重点问题，那么，运动负荷的合理控制就是体育教师在进行体育课教学时的重要工作了。体育课运动负荷的调控，体现了体育教师的体育教学经验和教学的专业化水平。在体育课教学中，体育教师通过观察学生对运动负荷的适应情况，及时调控运动负荷，以达到科学、合理的状态。体育课运动负荷的调控一般采用下列方法。

（1）改变练习的某些基本要素，如速度、速率、幅度等。

（2）改变练习的顺序和组合，调整间歇时间、练习与休息交替节奏。

（3）改变练习内容的难度，如将原来的30米慢跑（加速跑）改为30米加速跑（慢跑）。

（4）改变练习的重复次数，如改变练习的密度。

（5）改变练习的限制条件，如活动范围、器材的重量、附加条件等。

（6）改变课的组织教法与形式，如循环法、竞赛法或分组练习等。

（7）调整课中各项活动的时间比例，如教师指导组织措施、学生观察与休息等。

第八章 体育课说课评价

有体育课说课，就会有对体育课说课的评价。评价可以引导和把握体育课说课的方向，保证说课的质量和水平。只有把开展说课和评价有机地结合起来，才能使体育教师更理性地对待说课，用体育与教育理论来指导说课、深化说课、研究说课、说好课，更有效地促使体育教师加强体育教学反思，不断提高体育教学研究的有效性。然而，要对体育课说课做出恰如其分的评价也是一件不容易的事情。第一，评价本质上是一种价值判断，而教育价值判断的正确与否，与评价者自身的教育理念有直接的关系。第二，体育教学活动是一个多因素参与的复杂过程，目前，在评价技术与方法方面还不成熟。第三，体育课说课不仅有多种方式，而且也有各种不同的目的指向，因而体育课说课的评价也会有不同的侧重点和方法，很难制订一套放之四海而皆准的评价方案。为切实发挥体育课说课活动促进体育教师专业成长及体育课教学水平提高的作用，使说课能有章可循、有法可依，下面围绕体育课说课评价的原则、内容与方法进行论述。

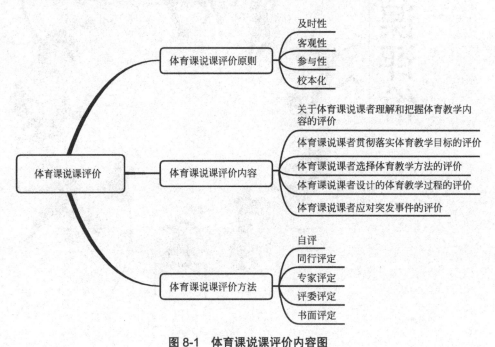

图 8-1　体育课说课评价内容图

一、体育课说课评价原则

（1）及时性。要使评价收到最佳效果，最好的方法是"当场说、当场评"，防止因遗忘而降低评价的效果。从心理学上看，只有置身现场氛围，人的情绪才会高涨，也最容易阐述个人的观点，真正做到畅所欲言。因此，"当场说、当场评"，可以使说、评双方都能得到有效的启发，促进体育教学研究的深化。

（2）客观性。评价的客观性，就是要实事求是、客观、公正地对说课体育教师的说课内容进行评价，要坚持用"一分为二"的观点来审视体育教师的说课。既要善于发现说课中的闪光点，肯定体育教师的成功做法或探索，以保护和鼓励体育教师参与说课的积极性，同时，又要实事求是地指出说课中存在的问题，针对不足提出改进和优化的方案与策略。

（3）参与性。体育课说课，从其活动形式以及活动的成效来看，实际是一种体育教学研究方式。它符合当前体育教育改革与发展的新形势、新要求，是促进体育教师专业成长的有效途径之一。因此，说听双方全程、全体参与到这一活动中，共同研讨、相互讨论，是开展体育课说课活动的基本要求，也是提高体育课说课效果的重要因素。

（4）校本化。体育课说课虽然有多种方式和途径，但其目的都是一致的，都是服务于改进和优化体育教学实践的。当前，随着体育与健康课程标准的广泛实施，建立以校为本的体育教学研究机制，促进体育教师在合作与对话中共同提高，已成为学校发展和培养体育教师的重要途径之一。因此，立足学校，以教研组或年级组为单位开展体育课说课活动，让体育教师在研讨中共同提高，也是整体提高体育教师队伍的有效方式。

二、体育课说课评价内容

不同类型的体育课说课，虽然有不同的目的和要求，但是从发挥体育课说课评价的导向和激励作用来看，评价的内容总体上都是要根据说课的内容而定。

1. 关于体育课说课者理解和把握体育教学内容的评价

（1）体育课说课者是否全面理解和把握了体育与健康课程标准。《基础教育课程改革纲要（试行）》指出：国家课程标准是教材编写、教学、评估和考试命题的依据，是国家管理和评价课程的基础。应体现国家对不同阶段的学生在知识与技能、过程与方法、情感态度与价值观等方面的基本要求，规定各门课程的性质、目标、内容框架，提出教学和评价建议。课程标准的这一性质特征启示我们，只有体育与健康课程标准才是体育教师组织并实施体育教学的唯一依据，而体育教学内容是体育教学的重要载体。因此，评价体育课说课者是否真正理解和把握了体育教学内容，首先应看体育教师在说课中是否全面正确地理解了体育与健康课程标准，是否真正把握了体育与健康课程标准所规定的体育教学要求和体育教学目标。

（2）体育课说课者是否全面正确地理解和把握了体育教学内容的作用。体育教学内容是体育学科专家和体育教师依据体育与健康课程标准的要求，从促进学生身心健康发展和适应现代社会进步的需要出发，编写的一种体育教学资源，是学生学习体育知识、发展体育技能、实现身心发展的重要途径，也是体育教师组织和实施体育教学活动的重要依据。

2. 体育课说课者贯彻落实体育教学目标的评价

基础教育课程改革把知识与技能、过程与方法、情感态度与价值观作为各学科的培养目标，并使之贯穿于整个基础教育的始终，这无疑为体育学科教育教学改革指明了方向。因此，能否制订并贯彻落实有效的体育教学目标，将直接影响到体育教学质量的提高。评价体育课说课者贯彻落实体育教学目标的意识，我们不能仅仅依据是否阐述了体育目标来判断，而是要从他所设计的各个体育教学环节和各项体育教学活动中来审视，从学生参与体育教学活动后可能获得的体验来判断。

3. 体育课说课者选择体育教学方法的评价

（1）体育课说课者选择的体育教学方法是否体现了体育学科特点。在评价体育课说课时，应从体育学科性质和特点出发，全面审视体育教师所设计安排的教学活动，进而对其选择的体育教学方法做出客观公正的评判。

（2）体育课说课者选择的体育教学方法是否符合学生的年龄特点和认知规律。体育教学实践已证明，体育教师使用的体育教学方法在一定程度上决定并引导着学生的体育学习方法，选择符合学生年龄特点和认知规律的体育教学方法，将有助于学生形成体育学习方法、提高学生体育学习能力。因此，在评价体育课说课者选择的体育教学方法时，必须从具体的体育教学内容出发，对照体育与健康课程标准的目标和要求，联系学生的年龄特点和认知规律，综合分析体育教师选择的方法是否合理、有效。"合理"就是符合学生的年龄特点，有利于激发学生参与体育教学活动；"有效"就是符合学生的认知规律，使学生的体育学习过程成为掌握体育知识、形成体育技能、发展情意与社会适应能力的过程。

（3）体育课说课者选择的体育教学方法是否有助于调动学生的学习积极性。判断一种体育教学方法的优劣，最重要、最显著的标志是：在这种体育教学方法的启发下，学生是否有浓厚的体育学习兴趣和旺盛的体育学习热情，能否积极有效地参与到体育教学活动中，形成积极、努力、进步的体育学习氛围。

4. 体育课说课者设计的体育教学过程的评价

在整个体育课说课活动中，通过说体育教学过程，可以较好地反映体育教师是否准确把握体育与健康课程标准的要求，全面理解体育教学内容并贯彻落实体育课程目标。因此，对体育课说课者设计的体育教学过程进行评价的过程，也是一个发挥集体智慧、共同改进和优化体育教学设计的过程。一般评价一个体育教学程序设计的好坏，重点应关注以下几个方面。

（1）体育教学过程的设计是否围绕体育教学目标展开，所安排的各项体育学习活动能否有效为既定体育教学目标服务。

（2）体育教学内容的安排是否结合体育教学资源，贴近和联系学生生活实际，做到科学正确，无差错。

（3）体育教学结构、教学节奏的安排是否合理，体育学习重点、难点是否突出。

（4）体育教学方法的选择是否能有效调动学生学习的积极性，有利于各类学生都能获得一定的发展和提高。

（5）体育教学媒体的选择是否有效、实用，是否能真正发挥辅助体育教学的作用。

（6）体育教学过程是否流畅、条理清晰、环环相扣、逐步深入。

5. 体育课说课者应对突发事件的评价

在真实的体育教学活动中，体育教师面对的是一个个性格相异、基础不同的学生，当体育教师按照预先设定的体育教学计划开展体育教学活动时，必然会遇到各种各样的情况，这就需要体育教师及时根据学生的体育学习反馈，进行调整和修改。一般体育课说课活动中对体育教师教学机智的评价，侧重于对教学活动的设计、教学理念的陈述和应对突发事件的策略等。

三、体育课说课评价方法

1. 自评

体育教师说课结束后，可以进行自我评价和剖析；同时也为别人的评价提供背景和现实的支持，是评价与分析的基础。

2. 同行评定

由参与说课活动的其他体育教师根据自己的经验和对体育教师说课的理解阐述自己的观点，既可以是对整个体育课说课内容的评价，也可以只是对某一具体内容发表意见或建议，最后由组长做总结。这种评价方法比较适合以校为本的体育课说课活动，是一种"同伴互助"的表现形式。

3. 专家评定

这种评价方法通常适用于主题型体育课说课活动，就是学校或体育教研组为突破某些体育教学中遇到的难题，组织体育教师以体育课说课研究的方式来探索解决问题的途径或方法。在体育教师阐述解决问题的方案后，聘请体育课程专家、体育教研员或学校中有丰富体育教学经验的学术骨干（如特级体育教师、体育学科带头人、体育教学能手等）对体育课说课做出评价，以引导学校或体育教研组深化教学改革。专家评定看似一种评价行为，但实质上是一种专业引领，是体育教师与体育专家面对面的体育教学研究方式。

4. 评委评定

这种评价方法大多应用于体育教学竞赛活动中。教育行政部门或学校为培养和选拔体育教学骨干，把体育课说课活动作为其中的一个评比项目，由体育教研员、体育学科骨干教师或领导组成评委班子，通过对选手的说课内容进行全面评价，从中遴选和培养一批具有先进体育教学理念和较高体育教学业务水平的骨干教师，以此引导学校、体育教师深入开展体育课说课活动，把体育课说课纳入到校本体育教学研究中，带动区域或学校的体育教师队伍建设。

5. 书面评定

在示范型体育课说课活动中，由于参与活动的体育教师人数多，而评价的时间又十分有限，不可能每个体育教师都阐述自己的观点，书面评定作为同行评定的一种补充，依然可以发挥评价的良好作用。具体操作方法是：先让每个参与活动的体育教师独立撰写书面评定意见稿（可事先拟定若干评价指标），从中择优宣读交流。这种评定方法既节省了时间，阐述了意见和建议，同时，也使每个教师分享了他们的智慧。

第九章 体育课说课案例

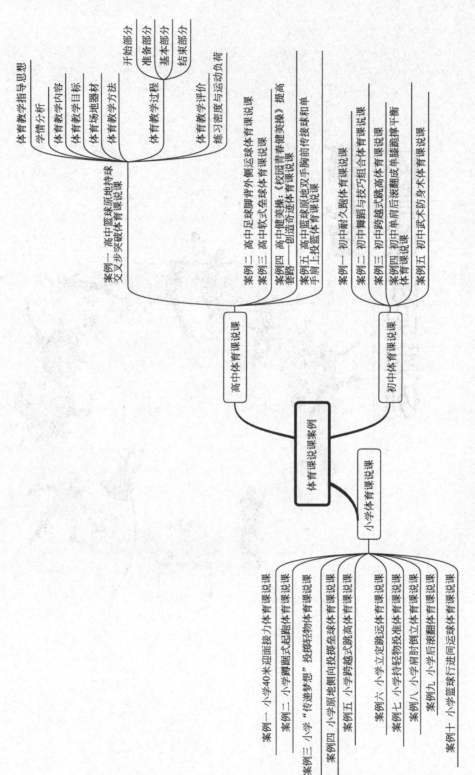

图 9-1 体育课说课案例内容图

体育课说课，依据学生学段的不同，我们从高中、初中和小学三个学段的体育教学内容中，选择编写了一些体育课说课的案例，供大家学习、参考与运用。

一、高中体育课说课

【案例一　高中篮球原地持球交叉步突破体育课说课】

（一）体育教学指导思想

本课以体育与健康课程标准的基本理念为依据，树立"健康第一"的指导思想，结合学生的心理、生理特点，关注学生学习过程中的主体地位，培养学生合作学习和探究学习的能力，让学生在练习中获得成功体验，增强自信心，从而激发学生对篮球的热爱，为体育锻炼习惯养成奠定基础。

（二）学情分析

本课对象为高中一年级女生，大多数学生比较喜欢篮球，并且有一定的篮球基础，但整体运动水平参差不齐，在体育教学过程中掌握技术的能力稍差。针对这种情况，在体育教学中，体育教师的讲解要细致，语言要清楚，体育教学方法要多样。

（三）体育教学内容

本课根据人教版《普通高中课程标准实验教科书体育与健康（必修）全一册》篮球教学内容制订了高一篮球教学模块，共18节，本课为第8节课，是学习持球突破技术的第1节课。

持球交叉步突破技术是篮球比赛中一项运用广泛、实用有效、进攻性强的个人进攻技术，也是高中篮球模块体育教学中的重要内容，深受学生喜爱。其动作是以右脚为中枢脚，突破时，左脚向左前方跨出半步，做向左突破假动作，左脚前脚掌内侧迅速蹬地向右前方跨出一大步，同时上体右转探肩，球移至右手，向左脚右斜前方推放球，右脚迅速蹬地跨步，加速突破。为了降低学生的练习难度，本课直接给学生固定了以右脚为中枢脚。

（四）体育教学目标

1. 认知目标

学生建立正确的原地持球交叉步突破的技术动作概念，了解原地持球交叉步突破的动作要领。

2. 技能目标

学生初步学习原地持球交叉步突破技术，80%的学生能够做出蹬跨、转体、探肩动作，发展学生速度、灵敏和协调等身体素质。

3. 情感目标

学生具有严谨认真的学习态度和团结协作的意识。

（五）体育场地器材

篮球场 2 块，篮球 33 个，呼啦圈 4 个。

（六）体育教学方法

体育教师采用讲解法、示范法、问答法等，引导学生在练习中发现问题，找到答案，使学生更好地理解原地持球交叉步突破的技术方法。通过集体练习、双人练习、分组练习，由易到难让学生熟悉了解动作，激发学习热情，做到参与、配合、投入、分享，体验集体运动的乐趣。

（七）体育教学过程

1. 开始部分（1分钟）

（1）课堂常规，报告人数、师生问好、体育教师宣布本课体育教学内容和体育教学目标。

（2）体育教师与学生明确篮球原地持球交叉步突破练习中的安全注意事项，并对学生进行安全教育。

2. 准备部分（8分钟）

（1）慢跑、移动练习，5 圈。

（2）篮球操，4×8 拍。

伸展运动—体转运动—体侧运动—腹背运动—压腿运动—踢腿运动—跳跃运动—踝腕运动。

3. 基本部分（32分钟）

（1）复习运球急停、急起（2分钟）。

① 体育教学设计意图：提高学生运球及控制身体重心的能力，为学习原地持球交叉步突破做准备。

体育教师组织学生练习。

学生根据体育教师的哨音由慢到快进行练习。

② 要求：重心低，停球稳，启动快；保护球动作要明显。

（2）学习篮球原地持球交叉步突破技术（21分钟）。

① 示范、讲解（1分钟）。

a. 设计意图：学生建立正确的动作表象，明确动作节奏与顺序。

b. 要求：学生认真听讲、认真观察动作示范。

② 集体练习（4分钟）。

a. 设计意图：学生体会原地持球交叉步突破技术，明确动作节奏与顺序，建立正确的动作定型。

跳步急停接自抛球。

跳步急停接自抛球，持球交叉步突破模仿。

跳步急停接自抛球，持球交叉步突破，加放球一次。

推放球加速模仿。

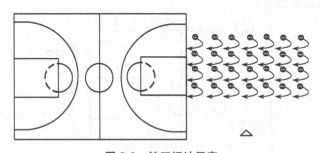

图 9-2 练习场地示意

b. 要求：学生认真模仿体会，动作到位。

③ 双人练习（7分钟）。

a. 设计意图：进一步学习原地持球交叉步突破技术，加强同伴间合作意识。

消极防守下，跳步急停接自抛球交叉步突破。

防守人设限侧伸臂，跳步急停接自抛球交叉步突破。

两人同时练习跳步急停接球交叉步突破。

两人同时跳步急停接自抛球交叉步突破，接行进间单手肩上投篮模仿。

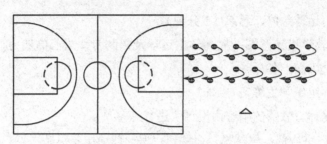

图 9-3　双人练习场地示意

b. 要求：蹬跨要有力，转体要探肩。跳步急停时，与防守人的间距合理。重心低，动作连贯。

④ 结合场地分组练习（7 分钟）。

a. 设计意图：提高原地持球交叉步突破技术。

体育教师完整示范原地持球交叉步突破技术，接行进间单手肩上投篮动作。

体育教师讲解练习方法及要求。

学生按能力分组练习：

• 在三分线左右侧 45 度位置，加消极防守人，跳步急停后接自抛球，做持球交叉步突破上篮的完整练习。

• 在三分线左右侧 45 度位置，加消极防守人，接固定人传球后做持球交叉步突破上篮的完整练习。

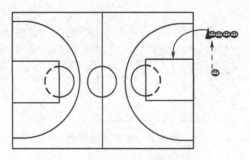

图 9-4　交叉步突破上篮场地示意

b. 要求：

• 接球急停时步法要清楚合理，突破时中枢脚明确，不走步。

• 突破动作几个环节要节奏明确，蹬转迅速、转体探肩、加速有力。

• 努力保证投篮命中率。

⑤ 优秀组展示（2分钟）。

a. 设计意图：通过观察优秀学生持球突破上篮技术，加深学生的直观印象，同时起到激励作用。

b. 要求：认真观察优秀学生的动作，积极模仿。

易犯错误：

a. 蹬地时，中枢脚抬起，形成走步违例。

b. 蹬地、转体衔接速度慢。

c. 突破时重心过高。

纠正方法：

a. 降低身体重心，在低重心状态下完成练习。

b. 前脚掌内侧蹬地发力，不用全脚掌。

c. 利用伸展手臂和语言提示强调的方法降低重心。

（3）体育教学比赛（9分钟）。

a. 设计意图：提高学生在实战中的运用，同时检验学习效果。

b. 方法：将学生分成相等的四组，在比赛过程中进一球得2分，有传球突破上篮的进一球得4分。

c. 要求：鼓励学生尽量运用突破上篮，注意安全。

4. 结束部分（4分钟）

（1）伸拉放松练习。

（2）师生共同总结本课。

（3）学生收还器材、下课。

（八）体育教学评价

（1）通过多样化体育教学方法，预计80%的学生能够做出蹬跨、转体、探肩动作。

（2）运用循序渐进、从易到难的体育教学，评价学生的学练效果。

（3）通过体育教学比赛，检验体育教学效果。

（九）练习密度与运动负荷

预计练习密度是35%+5%，运动负荷：预计平均心率是（130+5）次/分。

【案例二　高中足球脚背外侧运球体育课说课】

（一）体育教学指导思想

本课以《体育与健康课程标准》为依据，以"健康第一"为体育教学指导思想，体育教学中，根据"以学生发展为本"的教育理念，从学生身心健康发展需求出发，发挥学生在体育课教学中的主体地位，激发学生的学习兴趣，着眼于学生学会学习，激励学生乐于尝试和实践体验。创设宽松、和谐的学习氛围，针对个体差异，面向全体学生，激发学生学习掌握技能的积极性和主动性。培养学生不断进取的精神，增强自信心，真正促进学生身心健康，为终身体育奠定基础。

（二）学情分析

本次课的授课对象是高一年级男生，高一男生的身体素质比较好，学习能力和模仿能力比较强，由于个人兴趣爱好，学生已经接触过足球运动，但基础参差不齐且动作不规范，学生的整体基础比较差，前两次课学生学习了脚内侧踢停球技术。本次课是足球模块的第3次课，重点是提高学生的球性和培养学生的足球学习兴趣。

（三）体育教学内容

足球是深受青少年喜爱的运动项目之一，综合锻炼价值非常高。脚背外侧运球是足球比赛中一项非常实用的运球突破技术，可直线、弧线和向外变向运球。熟练掌握运球技术，不仅能发展学生的协调、灵敏、反应、速度等素质，同时也能够提升学生的判断能力和观察能力。

本课体育教学重点与难点：体育教学重点是支撑脚的选位、推拨球的动作；体育教学难点是人与球结合动作要协调、合理。

（四）体育教学目标

1. 认知目标

通过体育教学，学生了解足球脚背外侧运球的方法、技术特点及在比赛中的作用。

2. 技能目标

通过练习，70%的学生能够在慢跑状态下完成足球直线运球，30%的学生能够在慢跑状态下完成足球直线运球和变向运球，学生协调、灵敏、反应等素质和控球能力得到提高。

3. 情感目标

通过练习，学生兴趣得到激发，学生具有合作学习、相互学习的能力。

（五）体育场地器材

足球场地一块，足球23个，标志桶若干个。

（六）体育教学方法

本次课采用的体育教学方法有讲解法、示范法、练习法、体育游戏法等，增加体育游戏和体育比赛的内容，提高学生的学习兴趣，突出足球基本技术在实战中的作用，让学生对简单枯燥的练习内容感到有意思、有兴趣，提高学生的练习积极性。本课充分考虑学生的身心特点和学习基础情况，遵循"循序渐进"的原则，从球性练习—复习传接球—慢速直线运球—慢速曲线运球—利用游戏巩固脚背外侧运球技术。让学生掌握动作由易到难；从复习到学习，整个练习过程都是以学生为主体，给学生充分的学练空间。

（七）体育教学过程

1. 开始部分（3分钟）

（1）体委整队，报告人数。
（2）师生问好。
（3）体育教师宣布本课体育教学内容和体育教学目标。
（4）体育教师安排见习生。

2. 准备部分（9分钟）

（1）热身跑。
（2）行进间准备活动。
（3）熟悉球性练习。双脚交替踩球练习、左右脚推拨球练习。

3.基本部分（30分钟）

（1）复习脚内侧传接球，学生两人对传球。

（2）学习脚背外侧运球。

① 动作方法：支撑脚始终落在球的侧后方，运球脚抬起时，脚跟抬起（立足），脚尖稍内转，在迈步前伸落地前，用脚背外侧推拨球。向前跑动时身体放松，上体稍前倾，两臂自然摆动。

② 重点：支撑脚的选位、推拨球的动作。难点：人与球结合动作协调、合理。

体育教学方法：

① 体育教师示范讲解动作要领。

② 学生慢速直线运球练习。

③ 学生做慢速曲线运球练习。

④ 学生展示。

⑤ 纠正错误动作。

⑥ 学生分组练习。

易犯错误：

① 运球时动作紧张，是踢球而不是推拨球。解决办法：放慢运球速度，强调体会推拨球动作。

② 运球时低头，触球次数太少。解决办法：强调多抬头、多触球，便于观察场上的形势和提高动作的连贯性。

（3）体育游戏。

① 运球躲避。

② 运球抱团。

③ 运球、抢球。

4.结束部分（3分钟）

（1）放松活动。

（2）体育教师小结。

（3）学生收拾器材。

（4）下课。

（八）预计练习密度与运动负荷

预计练习密度40%，学生运动负荷见图9-5。

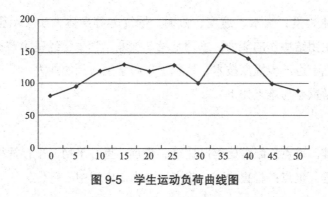

图 9-5　学生运动负荷曲线图

【案例三　高中软式垒球体育课说课】

（一）体育教学指导思想

本课依据《体育与健康课程标准》，以"健康第一"为体育教学指导思想，以学生身体素质发展为根本，以激发学生的学习兴趣，提高学生的自主学习能力，培养学生的良好锻炼习惯为主要目标。本课结合学生身心发展的特点和运动形成的规律，引导学生掌握基本技能和方法，增强学生体能，培养学生坚强的意志品质、合作精神等，为学生长期参加体育锻炼奠定基础，促进学生健康、全面发展。

（二）学情分析

本课为第 7 次课，授课对象为高一年级男生。本校高中学生综合素质很高，有很强的组织纪律性和自学能力。在平时的练习中学生能较好地按照老师要求完成体育教学任务，并在学习中找出自己的不足进行改正。针对学生特点在本课教学中，更多地突出学生主体地位，发挥学生的自学能力，为学生创造更好的学习环境。

（三）体育教学内容

软式垒球是在棒垒球基础上改良的一项体育运动，它不仅传承了棒垒球的技术、战术特点，而且还注重了在运动过程中的安全因素。软式垒球的材质软，球棒被一层厚厚的海绵包裹住，减少了学生在运动过程中与器材接触时发生伤害的概率，也平抚学生对危险项目的抵触心理，很大程度上更提高了学生的学习兴趣和练习的积极性，所以很适合中小学在体育课堂上开展。通过软式垒球这项运动，可以提高学生力量、灵敏、速度、协调、爆发力等身体素质，增强学生心肺功能，培养学生团结协作的能力。本课是第 7 次课，学生已经基本掌握软式垒球技术，在此基础上进一步提高技术、战术水平和学生裁判的能力。

体育教学重点与难点如下。

1. 击球

（1）击准。重点：眼睛始终盯住球。难点：重心平稳，平行挥棒。

（2）击远。重点：打直线球。难点：准确击中球中心部位。

2. 传接球

（1）传球。重点：侧对传球方向，注意出球的时机和力度。难点：身体协调用力。

（2）接球。重点：提前判断来球方向，接球缓冲。难点：动作柔和、协调。

（四）体育教学目标

（1）通过本课练习，95% 的学生基本掌握所学技术的要点，并运用软式垒球的技术规则进行教学比赛。

（2）通过分组分项练习和教学比赛，预计 80% 的学生基本掌握击、传、接技术和比赛基本战术，并发展学生上下肢力量、反应速度和协调性。

（3）学生具有团结协作、勇往直前、虚心好学的精神。

（五）体育场地器材

体育场地：100 米跑道、隔离网、足球场。

器材：软式垒球 23 个，T 形支架 9 个，小垫子 16 块，球棒 14 根，呼啦圈 4 个，小帽子若干。

（六）体育教学方法

体育教师运用讲解法、示范法、练习法、体育竞赛法、纠错法等体育教学方法进行教学。

（1）体育教师讲解传接球和击球的重难点，并说明四个练习区的评价标准。

（2）体育教师组织学生分成练习组，安排组长组织学生练习。

（3）体育教师在练习时对各练习区的学生进行指导，检查练习达标情况，对问题较多的组进行技术指导，对动作较好的学生进行表扬并为本组做示范。

（4）体育教师组织学生进行软式垒球体育教学比赛，要求学生裁判记录比赛队员失误率。

（七）体育教学过程

1. 开始部分（3分钟）

（1）集合整队。

（2）师生问好。

（3）体育教师宣布本课内容和体育教学目标。

（4）体育教师安排见习生。

2. 准备部分（5分钟）

（1）慢跑400米。

（2）徒手操。

3. 基本部分（34分钟）

（1）分组分项练习。

体育教师讲解分组分项练习方法，提出练习目标。

各小组每项练习4分钟后由体育教师统一组织更换练习项目（四个小组在20分钟左右进行四个项目的练习）。

体育教师在各项练习区进行巡回指导、纠错、检查。

各小组组长检查组员练习情况，安排比赛组员位置和棒次。

（2）体育教学比赛。

体育教师组织学生进入比赛区域，安排学生裁判，分好比赛组次。

要求学生裁判通过数据记录了解组员比赛中技术掌握情况。

在不影响比赛流畅性的时候现场教学指导。

4. 结束部分（3分钟）

（1）集合整队。

（2）由各组长根据比赛情况小结本队情况。

（3）体育教师总结。

（4）体育教师宣布下课，学生收拾器材。

（八）体育教学评价

1. 分组分项练习评价（学生自评）

（1）传准练习。

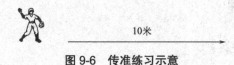

图9-6　传准练习示意

（2）传准练习以掷球进圈为优胜，没有进圈为不合格。
（3）跑动接球以接住球为优胜，没接住为不合格。

2. 传接球跑垒追逐

以先完成跑垒的组为优胜，各组统计传接球失误情况。

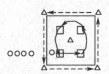

图9-7　传接球跑垒追逐练习示意

（1）击准练习，以击中球为及格，击球有力为良好，击球进有效区为优秀。

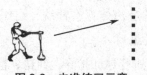

图9-8　击准练习示意

（2）击远练习，击球偏离站位人员（直线）或没有过第一人为不及格，击球过第一人为及格，击球过第二人为良好，击球过第三人为优秀。

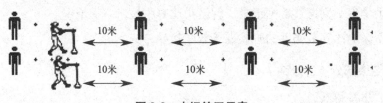

图9-9　击远练习示意

3. 体育教学比赛评价（裁判记录，体育教师评价）

各比赛学生裁判员记录各队比赛技术数据（失误数据用正号标记）。

表 9-1　一队

队员号	1	2	3	4	5	6	7	8	9
传									
接									
击									

4. 体育教师评价

（1）分组分项练习评价：通过巡视，对各组练习优秀的学生进行表扬和鼓励，对失误率高的学生进行单独指导。对失误率低的组进行表扬。

（2）对体育教学比赛数据进行总结，评定本节课优秀组。

（九）预计运动负荷

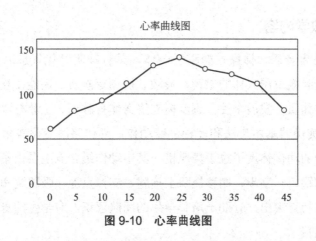

图 9-10　心率曲线图

【案例四　高中健美操：《校园青春健美操》提高套路——"创造奇迹"体育课说课】

（一）体育教学指导思想

本课以《体育与健康课程标准》所倡导的"以学生发展为中心，帮助学生学会学习"的体育教学理念为理论依据，坚持"健康第一"的体育教学指导思想。结合授课对象高二年级女生的心理和生理特点，在健美操体育教学中，充分体现教师主导作用，发挥学生的主体作用，旨在培养和激发学生参与健美操运动的兴趣，提升学生健美操学习的自信心，充分展现自我，塑造优美体型，培养学生自主与合作学习能力，从而发展学生个性，培养团结互助的优良品质及终身体育意识。

（二）学情分析

本课授课对象为高二年级的健美操选修课女生。她们正处于青春期的后期，头脑聪明，善于思考，大部分女生上学期选修过健美操，具备一定的健美操基础，有较强的模仿能力和较好的音乐素质，对身体的姿态和塑造优美体型有着较强烈的追求。还有一小部分学生之前从未接触过健美操，但通过开学至今的学习，学生对健美操课兴趣浓厚，能够做到课上积极主动练习，课后复习巩固。另外，青春期女生运动量的不足导致较多学生下肢较为肥胖，上肢和腰、腹、背肌肉力量差，身体协调性和身体姿态不好，对学习本套健美操技术、较好体现拉丁动作风格存在一定的影响。因此，本课将健美操动作组合技术学习和专项体能"课课练"内容相结合，具有很强的针对性和实效性。

（三）体育教学内容

健美操是集音乐、体操、舞蹈于一体，具有鲜明时代气息的全民性运动项目。它不仅能有效发展人体的柔韧、灵敏、协调等素质，还能在欢快的气氛中娱乐身心，增强体质，发展个性，逐步树立终身体育意识。主教材"创造奇迹"包括了11种健美操的基本步法和多种手臂动作，动作路线变化较多，具有一定的难度，整套操的动作体现了拉丁舞风格。其中动作组合五主要由集体配合动作组成，包括单脚跳、一字步、侧移提膝上抬腿、支撑点地、吸腿跳和大踢腿跳等动作，动作风格特点突出，有助于培养学生的团队意识，对学生的身体协调性和灵活性是一种挑战。

高中健美操模块三单元二《校园青春健美操》提高套路——"创造奇迹"教学共12学时，本次课是第6次课。第1～5次课学生学习了"创造奇迹"第1～5组合动作，大多数学生能够听音乐较好完成1～4组合动作，本次课将进一步改进组合5，复习衔接组合1～5动作，4～6人小组尝试合作创编不少于三个健美操队形，进一步激发学生浓厚的学习兴趣，培养自主、合作、探究学习能力。"课课练"内容，是体育教师自编的一组由身体柔韧素质和上肢、腹肌、背肌力量素质组成的体能练习，它动作简单、易学，运动负荷适中，克服了练习内容单一、学生容易产生疲劳的不足。通过每节课练习，可以很好地改善学生肌肉力量不足或肌力不平衡的问题，对辅助提高学生健美操运动能力具有非常好的作用。

体育教学重点与难点：体育教学重点是组合中相关步法技术要点与组合间动

作的衔接；体育教学难点是准确的跑位，同伴间的协同配合以及拉丁动作风格的体现。

（四）体育教学目标

1. 认知目标

全体学生了解健美操"创造奇迹"的风格特点和组合 1～5 的动作要点，以及创编健美操队形的原则与简单方法。

2. 技能目标

改进"创造奇迹"动作组合 5，复习并衔接组合 1～5 动作，90% 的学生做到步法和动作路线正确，上下肢配合协调，体现一定的拉丁风格。85% 以上的学生能在音乐的伴奏下较好地完成组合 1～5，同时通过小组合作创编能做出 3 个以上的健美操队形变化，提高学生身体协调性和灵活性。

3. 情感目标

学生具有对健美操的学习兴趣，提升自信心，学生具有发现美、展示美和塑造美的能力，以及团结协作、吃苦耐劳的精神。

（五）体育场地器材

体育馆，音乐播放器 1 台，黑板 1 块，磁贴小画板 6～7 个，磁贴 40 个，画笔和粉笔各 6～7 支，小体操垫 27 块，队形创编设计方案表，评价量表。

（六）体育教学方法

体育教师运用讲解法、示范法、小组合作学习法、探究学习法、小组展示法、评价激励法等体育教学方法进行教学活动。

（1）采用学生个人领做，分组轮流领做，小组帮扶练习和合作创编队形等多种形式，激发学生学习兴趣，帮助学生学习。

（2）利用"队形创编设计方案表"和磁贴小画板，对学生创编队形起到理清编排思路和演示队员位置及移动路线的作用。

（3）通过评价量表，引导学生从完成动作的规范程度、心理状态、练习表现去评价自己或他人，并从思想、技术、素质等方面分析原因，提高动作质量。

（七）体育教学过程

1. 开始部分（2分钟）

（1）集合整队、师生问好。

（2）教体育师宣布课的内容、任务及要求。

（3）安排见习生活动。

要求：① 遵守纪律，主动认真学练；团结互助，共同提高。

② 做到健美操步法和动作路线正确、熟练，动作衔接连贯、顺畅，上下肢配合协调，较好体现拉丁动作风格。

设计意图：整齐有序的课堂常规能够体现学生良好的精神面貌和积极向上的学习态度。

2. 准备部分（6分钟）

（1）热身步法练习。

踏步	（4×8拍）
迈步后屈腿	（4×8拍）
弹踢腿接顶髋	（6×8拍）
蹬跨步	（6×8拍）
吸腿接弓步跳	（6×8拍）
上步吸腿接交换步	（8×8拍）
侧滑步	（4×8拍）
后屈腿跳	（4×8拍）
吸腿跳接大踢腿跳	（6×8拍）

（2）热身拉伸练习。

左侧弓步侧腰拉伸＋左弓步压腿（8×8拍）

右侧弓步侧腰拉伸＋右弓步压腿（8×8拍）

教法：① 在音乐伴奏下，体育教师示范、讲解、领做，采用分解练习、完整练习和重复练习法，组织学生集体练习。

② 体育教师观察学生练习，强调动作方法和身体姿态，纠正错误动作，反复练习，最后讲评练习情况。

要求：学生练习认真，动作规范，节奏清晰，姿态优美。

设计意图：通过集体步法和拉伸热身练习，不仅复习了已学重点动作，而且也达到了克服肌肉、韧带黏滞性,充分活动身体各个关节的目的,为基本部分学习做好生理、心理准备。

3. 基本部分（33分钟）

(1) 改进《创造奇迹》组合五动作（4×8拍,7分钟）。

单脚跳（1×8拍）　　　　　　　　　要点：膝、踝关节的弹动性
一字步+2侧移提膝上抬腿（1×8拍）　要点：摆头与下肢动作的配合
支撑点地+交换步+反方向动作（1×8拍）　要点：脚点地方向和多人协同配合
吸腿跳+2大踢腿跳（1×8拍）　　　　要点：绷脚高抬腿,动作幅度大

教法：

① 体育教师抽查学生课后练习情况,被查学生示范动作,学生观察、互评,教师讲评。

设计意图：将抽查学生课后练习情况贯彻于每一节课,培养学生良好的健美操学习习惯,同时给学生更多展示自我的机会,培养自信心。

② 体育教师用口令组织学生先慢拍后正常节奏,纠正学生错误动作,集体练习改进,教师观察,语言提示动作要点。

设计意图：对组合五动作慢节奏逐拍练习,纠正易犯错误,强化头部动作和多人配合,从而更好地改进动作,提高动作质量。

③ 学生自主练习第四、五组合,自评、互评,体育教师个别指导。

④ 听音乐,学生分组轮流示范领做第四、五组合,集体练习,共同提高,体育教师观察,语言提示,评价激励。

设计意图：通过原地自主练习和分组轮流示范领做等多种练习形式,进一步强化动作熟练程度,培养学生自主学习能力。

要求：学生练习认真,动作整齐划一,弹动技术和动作姿态较好。

(2) 复习并衔接《创造奇迹》组合一至五动作（7分钟）。

组织：学生自愿结合成4～6人的练习小组。

教法：

① 体育教师随机选择学生示范领做,带领学生集体练习,教师观察,语言提示,讲评练习情况。

设计意图：将抽查学生课后练习情况贯彻于每一节课,培养学生良好的健美操学习习惯,培养学生敢于展示自我的精神,培养自信心。

② 体育教师讲解练习方法和要求，学生小组自主练习组合一至五，自评、互评，体育教师巡回指导。

设计意图：采用4～6人小组自主、帮扶练习，加强学生之间的交流与合作，营造宽松愉悦的学习氛围，为小组合作创编做准备。

③ 听音乐，各组学生集体练习组合一至五，共同提高，体育教师观察、语言提示、评价激励。

设计意图：在音乐伴奏下练习，培养节奏感，进一步强化动作熟练程度，培养小组协作意识。

（3）4～6人小组合作创编健美操队形（13分钟）。

创编原则：

① 合理性：选用动作适合跑队、队形变化合理、流畅；考虑队员人数和能力水平；有效利用场地等。

② 艺术性：队形变化要新颖、美观、自然、流畅。

创编方法：

① 利用"队形创编设计方案表"进行编排。

② 利用磁贴画板演示队员位置和队形走动路线。

③ 参考课前所观看的健美操视频和图片等资料，自学借鉴。

④ 集思广益，想练结合。

创编要求：

① "创造奇迹"组合一至五动作小组创编不少于3个队形。

② 根据需要可以适当改变动作的方向与路线。

③ 音乐前奏要有相应的开始造型。

④ 集思广益，积极练习实践，创编要有新意，展示效果好。

组织：学生自愿结合成4～6人的练习小组。

教法：

① 体育教师结合黑板图示讲解健美操创编原则、方法和要求，学生认真观看、听讲、思考，回答问题。

设计意图：让学生了解创编队形的原则和方法、要求，为后面的小组合作学习创编奠定知识基础。

② 学生利用小图板小组合作创编队形，集思广益并练习实践，教师观察、巡回指导。

设计意图：发挥小组每个成员的想象力与创造力，培养学生运用所掌握知识解决实际问题的能力和团队精神，学会合作。

③ 听音乐，学生小组展示创编成果，学生利用评价量表进行互评，教师评价。

设计意图：充分给学生展示的机会，检查学生合作创编成果，通过互相观摩、交流、评价，达到共同提高的目的。

要求：学生练习主动积极，团结协作；同伴配合默契，动作整齐、有力；创编有新意，展示效果好。

(4) 健美操专项体能"课课练"（6分钟）。

① 并腿体前屈练习（4×8拍）。

② 双手体后撑垫，双腿屈伸练习（8×8拍）。

③ 坐撑转体弹踢腿练习（8×8拍）。

④ 仰卧起坐综合练习（24～28次）。

⑤ 俯卧背肌练习（12×8拍）。

⑥ 屈膝俯卧撑20次（10×8拍）。

教法：

① 听音乐，体育教师示范领做，语言提示练习的方法和要求，组织学生集体练习。

② 体育教师运用手势、口令提示动作节奏，学生集体练习，自我评价。

③ 体育教师讲评学生练习情况，布置课后练习，学生认真听讲，自我评价。

要求：学生动作正确、到位，节奏清晰，尽个人最大努力完成规定数量。

设计意图：专项体能"课课练"动作简单、易学，运动负荷适中，在音乐伴奏下坚持每节课练习，可以很好地改善学生肌肉力量不足或肌力不平衡的问题，与健美操技术动作学习相结合，不仅丰富课堂内容，激发学生练习兴趣，而且对全面发展学生体能具有很强的针对性和实效性。

4. 结束部分（4分钟）

（1）听音乐瑜伽放松练习。

教法：听音乐，体育教师示范领做，语言提示练习的方法和要求，组织学生集体做瑜伽放松练习。要求学生配合深呼吸，动作舒展、大方，姿态优美。

（2）体育教师课堂小结。

（3）体育教师宣布下课，学生收器材。

设计意图：在优美舒缓的音乐伴奏下做瑜伽练习，使学生身心得到完全放松，为后面的学习活动做准备。

（八）练习密度与运动负荷

本课练习密度为 45%，练习强度适中，学生平均心率为 125～130 次 / 分。

【案例五　高中篮球原地双手胸前传接球和单手肩上投篮体育课说课】

（一）体育教学指导思想

本课以体育教学为指导思想，在体育教学中强调发展学生身体、增强学生体质，促进学生身体形态、机能、素质和基本活动能力的全面发展。双手胸前传接球和单手肩上投篮不仅是篮球运动的专项技术，也是发展学生跑、跳、投等基本活动能力，提高灵敏、速度、力量、耐力等身体素质和动作的准确性、协调性，追求增强体质实效性的有效方法。

（二）学情分析

授课对象是高一学生，学生有较强的创造能力和自学能力。本课通过体育教学，使不同程度的学生都能获得学习上的成功，心理上产生愉快感，进而提高篮球学习兴趣，增强学习动力，增加克服学习困难的勇气和信心。这不仅对当前学生的体育学习产生良好的效果，也力求对学生今后的体育学习产生持久的影响。

（三）体育教学内容

篮球运动由跑、跳、投等动作组成，是在快速、激烈、对抗的情况下通过传递、抛接等，最终把球送入固定篮圈的一项综合性的体育运动，具有集体性强、竞争性强、趣味性浓等特点。篮球赛攻防频繁，技术动作多样，深受广大中学生喜爱。本课教学内容是篮球运动中的单手肩上投篮和双手胸前传接球。单手肩上投篮和双手胸前传接球是篮球运动中主要的基本技术，是全队进攻的重要手段，起着组织全队相互配合的重要作用，是高中篮球教学的重要组成部分，是更好地学习各种技术和战术的基础，传接球技术好坏直接影响到集体力量的发挥和战术的配合。基本方法并不复杂，但要做到准确、熟练、隐蔽、快速，同时要迅速转换衔接其他技术动作，就比较困难。因此，本课着重要解决在各种情况下学生控制并支配球的能力，巩固提高运球、双手胸前传接球技术，同时加强准确性、熟练性，为以后的教学竞赛和学生终身体育打下良好基础。

体育教学重点与难点：体育教学重点是单手肩上投篮动作要标准，手型要正确，胸前传接球手型要正确；体育教学难点是单手肩上投篮上下肢协调配合和拿球时手心空出，双手胸前传接球上下肢协调配合和手对球的控制支配能力。

（四）体育教学目标

1. 认知目标

学生进一步建立运球、双手胸前传接球动作概念。

2. 技能目标

学生较好地掌握篮球运球、传接球技术动作，提高对球的控制能力与支配能力，发展灵敏、速度、耐力等身体素质。

3. 情感目标

学生勇敢、机智、果断、胜不骄、败不馁的优良品质得到培养，团结一致与密切配合的集体主义精神得到提高。

（五）体育场地器材

篮球场 1 块，篮球 15 个，球筐 2 个。

（六）体育教学方法

本课在重视篮球原地双手胸前传接球和单手肩上投篮专项技术要领和细节的讲解、示范、纠正错误，主要采取重复练习、间歇练习、循环练习、变换练习等练习方法，采用教师启发指导、学生反复练习的教学方法，充分发挥学生的主体作用。用分组轮换的体育教学组织方法，在有限的时间和体育场地内增强学生的练习效果，力求教学合理、紧凑、流畅、新颖。用体育比赛法引起学生学习兴趣，增强团队精神。

（七）体育教学过程

1. 引起注意阶段（开始部分，2 分钟）

（1）课堂常规。

(2) 体育教师宣布本课的体育教学内容及教学目标。

(3) 体育教师安排见习生。

2. 激发兴趣阶段（准备部分，8分钟）

(1) 游戏"喊数抱团"（3分钟）。为了使学生注意力集中，精神振奋，同时达到热身效果，体育教师安排了体育游戏"喊数抱团"。

(2) 熟悉球性（5分钟）。体育教师先进行各种篮球熟悉球性练习方法的讲解，学生模仿练习。培养学生的球感和对球的兴趣，改善手对球的控制和掌握能力，进一步热身，同时活跃课堂气氛，为基本部分做充分的准备。

3. 接受新知识阶段（基本部分，30分钟）

(1) 学生原地2人一组双手胸前传接球练习（7分钟）。

要求：前臂发力前伸，手腕急速向外翻转，肩、肘、腕关节放松，全身协调。

(2) 学生行进间2人一组运球做双手胸前传接球练习（8分钟）。

要求：运、传、接运用协调，且要迅速转换衔接。

上述2个练习主要是为了进一步给学生建立双手胸前传接球动作概念，学生掌握传接球的手法、上下肢协调配合，加强运球和传接球的衔接。

(3) 体育游戏"四角"运球双手胸前传接球练习（7分钟）。

要求：运球和传球、接球和运球要相互衔接好，顺、逆方向都要练习。目的是利用运球和传接球动作有机紧密衔接，快而连贯，提高传接球和支配球的能力，全面发展身体素质和技术水平。

(4) 体育游戏"接龙"比赛（8分钟）。通过比赛，学生进一步巩固和提高双手胸前传接球技术，提高传接球的准确性、熟练性以及快速传接的能力，培养学生机智果断、胜不骄、败不馁的优良品质和团结一致与密切配合的集体主义精神。

4. 恢复整理阶段（结束部分，5分钟）

(1) 伸展放松操。在体育教师带领下，学生通过模仿练习，消除肌肉的疲劳。

(2) 体育教师对本课进行小结。

(3) 体育教师布置学生收回器材。

（八）预计运动负荷

预计运动负荷为中等，学生心率为130～135次/分钟，运动密度为45%。

二、初中体育课说课

【案例一 初中耐久跑体育课说课】

（一）体育教学指导思想

本课体育教学以体质教育为指导思想，在体育教师传授耐久跑技术、增强体质的基础上，学生要学会应用这些知识与技能进行身体锻炼。因此，本课注重增强学生的体质，促进学生身体形态、机能、素质和基本活动能力的发展。

（二）学情分析

本课的授课对象是初一年级的学生，他们正处于青春发育期，骨骼和肌肉发育较快，心肺功能、弹跳能力和灵敏性逐渐增强。他们的心理特点为视野开阔，观察力强，意志力高。

（三）体育教学内容

耐久跑是《国家学生体质健康测试标准》中规定的必测项目，能有效增强人体的呼吸和循环系统功能，发展有氧代谢能力，促进学生身体发展，也是全国各地中考招生体育考试的必考项目。

体育教学重点是：学生掌握耐久跑的跑步姿势和呼吸节奏。难点是：学生克服耐久跑中的"极点"困难，体会"第二次呼吸"，以及学会测试心率的3种方法。

（四）体育教学目标

1. 认知目标

80%的学生掌握耐久跑的动作要领（身体姿势：动作放松、上体正直、重心平稳、跑速均匀、摆臂自然）及十字象限跳的练习方法。

2. 技能目标

学生掌握耐久跑的技术动作，发展奔跑能力，促进心肺、血液循环系统的发展；在十字象限跳的练习中发展跳跃、灵敏及控制身体的各种能力。

3. 情感目标

学生顽强拼搏的意志品质得到增强，学生团结协作、积极进取的能力得到发展。

（五）体育教学方法

（1）本次课体育教师主要采用讲解法和示范法，对耐久跑运动技术要领和细节进行讲解与示范。充分发挥体育教师的教学主导作用和学生的学习主体作用，体育教学中采用激励的教学手段，激发学生的体育学习兴趣，调动学生体育学习的主观能动性。

（2）采用重复练习、间歇练习、循环练习、变换练习等体育教学方法，重视对学生身体的生物性改造，注重以生物性评价标准评定体育课的效果。使学生在学习的过程中获得知识，增强体能。

（六）体育场地器材

篮球场地2块或田径场1块（不小于30m×30m），板夹9套，统计表格9套，录音机1台。

（七）体育教学过程

1. 开始部分（8分钟）

（1）学生在体育教师指定的地点集合，体育教师检查学生的着装，师生问好。

（2）体育教师宣布本课的教学内容与教学目标。

（3）体育教师安排见习生。

（4）学生测量上课前的心率，体育教师讲解测心率的方法，统一下达口令，学生自测10秒的心率。

（5）学生热身慢跑，听哨声击掌。

（6）反应练习，7组学生依次代表"1-2-3-4-5-6-7"七个音符，老师唱某音时，代表该音的一组学生蹲下，其余为立正姿势，最后全体起立。

（7）击掌操，6节×2个8拍。

上肢运动、体侧运动、体转运动、踢腿运动、全身运动、跳跃运动。

2. 基本部分（33分钟）

（1）体育教师讲解耐久跑的动作技术、呼吸方法、测试心率的方法，学生慢跑尝试"两步一吸，两步一呼"或"三步一吸，三步一呼"和心率测试。

（2）走跑交替练习。体育教师讲解→哨声口令提示："哨声—学生回答1，2，3—变化"（1慢跑、2中速跑、3快走）→行进过程中学生变换跑动路线，提高学生的练习兴趣→学生心率测试、体育教师记录。本练习重点是让学生体会耐久跑的姿态，并使学生在生理和心理方面逐渐适应。

（3）匀速慢跑体会呼吸节奏练习，体育教师讲解→哨声口令提示："哨声2次或3次—学生有节奏地回答1，2或1，2，3"（哨声：学生吸气。回答1，2或1，2，3：学生呼气）→学生心率测试、体育教师记录。本练习重点是让学生体会正确的呼吸节奏（"两步一吸，两步一呼"和"三步一吸，三步一呼"），找到适合自己的呼吸方法。

（4）超越跑练习。体育教师讲解→哨声口令提示："哨声—排尾的学生沿外侧加速跑超越到达排头"→学生心率测试、体育教师记录。本练习重点是让学生体会加速跑及弯道跑的技术。

（5）模仿各类跑的练习，体育教师讲解→哨声口令提示："哨声—模仿教师的跑法—哨声—还原为中速跑"→学生心率测试、体育教师记录。本练习重点是让学生体会在跑动中的前踢腿跑、后踢腿跑、高抬腿跑的方法，加大练习运动负荷的强度。

（6）学习"十字象限跳"并进行测试。体育教师讲解示范"十字象限跳"→学生分小组（8个小组）学习并掌握→30秒练习，然后测试心率，学生小组长记录→60秒练习，然后测试心率，学生小组长记录。本练习重点是让学生掌握"十字象限跳"，该跳跃练习不但发展学生跳跃能力、灵敏性和节奏感，而且可以提高学生的耐力，在体能下降的情况下加强对身体的控制能力。

（7）接力比赛（男生"推小车"游戏、女生立卧撑接力游戏）。体育教师讲解接力比赛要求→学生分小组（8个小组）开始比赛→体育教师激励和表扬学生。本练习重点是让学生在游戏比赛中锻炼上肢及腰腹力量。

本节课既锻炼了学生的耐力，增强了学生的跳跃能力，又提高了学生上肢和腰腹的力量。

3. 结束部分（4分钟）

（1）学生听音乐进行意念放松练习。

(2) 体育教师进行体育课的讲评与小结。

（八）预计运动负荷

练习密度为 45%，运动强度最高心率为 180 次/分，平均心率为 135～145 次/分。

【案例二　初中舞蹈与技巧组合体育课说课】

（一）体育教学指导思想

本课在《体育与健身课程标准》理念指导下，以"健康第一"为体育教学指导思想，强调以学生为主体，努力贯彻"以学生发展为本"的指导精神，注重学生的实践体验，改善学习方式。给学生一个目标，让他们去探讨、追求。体育教师真正成为学生体育学习的指导者、引导者和帮助者。

（二）学情分析

本课授课对象为初中一年级女生，学生在个人能力上相对较弱，而且他们对美的表现、判断和接纳还存在一定困惑，体育教师在学生美育观点形成初期对他们进行正确引导。经过前面技巧单元的学习，学生基本上掌握了技巧组合动作。在这之前完成的课间操学习，使学生具备了一定的韵律感。

（三）体育教学内容

本课依据人教版初中《体育与健康》全一册中的技巧和舞蹈内容进行设计，技巧采用了教材中的组合动作，舞蹈拓展了一部分校本内容——学习华尔兹舞步（慢三）。华尔兹适合与技巧动作组合，同时表达体操韵律和姿态美。华尔兹舞步是"强弱弱"节奏，重拍在第一步，重心起伏为缓慢波浪。教学中所组合技巧动作已在体操单元中进行了学习，学生掌握很好，有了组合舞蹈的基础。

（四）体育教学目标

1. 认知目标

学生了解华尔兹舞的基本知识、动作方法及"强弱弱"节奏特点。

2. 技能目标

学习华尔兹基本舞步，85%的学生能在音乐配合下完成动作，并能和技巧套路做简单配合，体会韵律和节奏；通过课堂学习，女生的柔韧性、协调性及上、下肢力量得到发展。

3. 情感目标

学生养成自信、向上、创新、合作的品质和对美的表现力。

（五）体育场地器材

体操馆，摄像机3台，音响，体操垫若干块。

（六）体育教学方法

（1）体育教师采用讲解法、示范法，使学生更简明、直观地了解技术动作。

（2）体育教师采用完整练习与分解练习法，使学生更好地学习动作，并注意动作的层次性。

（3）体育教学中采用问答法，使学生更好地回忆已学的知识技能，并加强掌握。

（4）体育教学中采用自主练习法，通过学生的自主交流与练习，更好地掌握技术动作。

（七）体育教学过程

1. 开始部分（3分钟）

（1）体育委员集合整队、报告出勤人数，师生问好，体育教师宣布本课体育教学内容和体育教学目标。

（2）体育教师检查学生服装、安排见习生。

队列：四列横队。

要求：学生集合整队快、静，学生穿运动服。

2. 准备部分（5分钟）

（1）圆圈跑跳步。

（2）击掌走步、击掌跑步、后踢腿、前踢腿、并步跳。

① 组织方法：全体学生围成一个圆圈。

② 教法：在音乐伴奏下，体育教师带领学生共同做准备活动。体育教师讲解、示范，学生跟随模仿练习。练习过程中，体育教师提示动作要点、细节、注意事项。

③ 要求：学生动作到位，音乐与动作配合准确。前、后间距把握准确。动作幅度逐渐加大，注意姿态美。

（3）准备操。头部运动、伸展运动、体侧运动、腹背运动、下肢运动。

① 组织方法：全体围成一个圆圈。

② 教法：体育教师带领，学生跟随练习。体育教师提示重点，学生模仿跟随。

③ 要求：动作幅度逐渐加大。动作到位。

3. 基本部分（34分钟）

（1）舞蹈：复习华尔兹交谊舞步。

① 组织方法：四列横队。

② 教法：在音乐配合下，体育教师带领，口令提示，共同复习一小段交谊舞中的华尔兹。练习中体育教师提示动作顺序及重点。在音乐配合下，动作幅度逐渐加大。

③ 要求：与音乐配合准确、认真听体育教师提示。学生注意基本姿态和面部表情，展现自信。把1拍的重心起伏和后面的两个连续拍做到自然、顺畅。

（2）学习舞蹈华尔兹。

① 组织方法：四列横队。

② 教法：体育教师讲解、示范本节学习的一段华尔兹舞步。学生分解练习基本舞步。体育教师带领，口令提示，学生集体练习本段舞步1～2遍。

体育教师启发式提问：能否通过简单的动作变化、移动、交流来改变目前单一的、不变的队形模式。

体育教师提示编排的原则，学生集体跟随教师一起创编。学生分组练习新创编的动作。优秀生带领，配乐集体练习本段舞步1～2遍。

体育教师提出问题：我们目前学过的运动项目，哪一项能和舞蹈做个配合？下面，同学们尝试一下，能更高层次地把舞蹈动作与我们所学的项目结合到一起，做一个比较新颖的组合。

重点："强弱弱"节拍的把握和姿态的配合。

难点：韵律表现。

③ 要求：学生认真听体育教师讲解、示范。学生自主积极练习，有问题及时提问。动作优美，注意基本姿态。强拍表现明显，重心起伏稳定。

(3) 技巧——复习技巧套路动作。

① 组织方法：四列横队。

② 教法：体育教师提问技巧全套动作的名称。体育教师提问肩肘倒立、单肩后滚翻接跪撑平衡的动作要点。学生按体育教师指定队形拿小垫子，每人一块。学生复习肩肘倒立、单肩后滚翻接跪撑平衡2遍，独立完成，体育教师提示重点。学生分解练习全套技巧动作，独立完成，体育教师口令指挥。按音乐节奏，学生集体练习全套技巧动作，体育教师语言提示。体育教师点评学生各个动作练习情况及注意重点、难点。

③ 要求：学生前、后滚翻圆滑，团身紧，肩肘倒立，举臀，展髋，立稳。

(4) 舞蹈组合技巧。

① 组织方法：四列横队。

② 教法：体育教师讲解、示范音乐与技巧动作的配合。学生在体育教师口令提示下，配乐集体练习舞蹈加技巧全套动作1～2遍。体育教师讲评学生练习情况，并提出需要改进的地方。学生按教师指定队形收还小垫子。

教学重点：节奏（拍节）与技巧动作的配合。

教学难点：技巧控制力与舞蹈表现力。

易犯错误：身体控制力不足。

纠正方法：教师口令提示反复练习。

③ 要求：认真听体育教师的口令指挥，反应迅速。根据体育教师的讲评，学生及时纠正动作错误。注意音乐与动作的节奏及动作的稳定性。

4. 结束部分（3分钟）

(1) 舞蹈波尔卡放松。

① 组织方法：由四列横队变成环形。

② 教法：体育教师带领，在音乐配合下，口令提示动作顺序及动作要点。动作幅度逐渐加大，提示双人配合的节奏点。身体与音乐要充分融合。

③ 要求：体育教师配乐带领学生共同作放松练习。练习中提示动作要点。双人交流、配合融洽。

(2) 体育教师点评本节课。

(3) 下课，学生收还器材。

（八）体育教学评价

学生基本达成体育教学目标，约 85% 的学生基本学会华尔兹舞步并能与技巧组合动作简单配合。本节课主要通过体育教师评价、学生互评、课堂展示等方法对本课体育教学进行评价，评价主要包括了动作的规范、节奏性、协调性、配乐、合作学习 5 个方面的内容，基本能够达到预期的体育教学效果和体育教学目标。

（九）练习密度与运动负荷

本课的练习密度预计在 40%～45% 之间，运动负荷：平均心率为 125～130 次/分。

【案例三　初中跨越式跳高体育课说课】

（一）体育教学指导思想

本课以《体育与健康课程标准》的精神和理念为理论依据，以"健康第一"为体育教学指导思想。在体育教学中，发挥体育教师的主导作用，重视学生学习的主体地位，体育教师要关注学生的个体差异，引导学生积极思考，相互协作，激发学生练习的主动性和积极性。创设轻松和谐的体育教学氛围。同时注重合理安排练习密度和运动负荷，从而达到增强学生体质，促进学生身心健康发展的目的。

（二）学情分析

本课授课对象是初中二年级的学生，学生运动能力一般，个体差异较大，少部分学生力量和协调素质差，近一半学生小学没有学过跨越式跳高。学生学习态度认真，能积极主动地参与体育教学，通过前两次课大部分同学已初步掌握了助跑、起跳技术，能跨越一定的高度，但过杆动作不规范，本次课将进一步改进过杆技术。

（三）体育教学内容

跨越式跳高是初中田径的体育教学内容，通过跨越式跳高的学习，可以增强学生下肢力量，发展学生的跳跃能力及灵敏、协调、柔韧等身体素质，培养学生勇敢果断、积极进取、挑战自我的意志品质。

跨越式跳高由助跑、起跳、过杆、落地四个技术环节组成，本单元共 6 次课，本课为第 3 次课，主要是改进过杆动作。

过杆动作方法：当摆过横杆后，腿伸直并内转下压过杆，起跳腿上提外旋，同时，身体适当向前倾并稍向起跳腿一侧扭转，使臀部顺利移过横杆。

教学的重点是：摆动腿内旋下压和起跳腿上提外旋，可采用过杆的模仿练习和一步过杆、三步过杆以及体育教师语言提示纠正等方法解决。教学的难点是：上体稍内转，移髋过杆，可采用过双杆的教学方法突破难点。

（四）体育教学目标

1. 认知目标

学生了解跨越式跳高的技术结构和锻炼价值。

2. 技能目标

学生改进跨越式跳高技术，重点改进过杆动作，90% 的学生能完成摆动腿顺势下压，起跳腿上提外旋，移髋过杆。学生的腿部力量和跳跃能力得到发展。

3. 情感目标

学生具有勇敢果断、积极进取、挑战自我的意志品质。

（五）体育场地器材

体育教师自制教具，五根下端用重物固定的篮球用标志杆放置成"十"字形，用皮筋代替横杆，放置体操垫做成四个跳高场地。

（六）体育教学方法

体育教师采用讲解法、示范法、分解练习与完整练习法、纠正错误动作法和体育比赛法等方法，改进学生的过杆动作；关注学生的个体差异，区别对待，有针对性辅导差生；学生自主选择不同高度的练习；通过体育比赛调动学习的积极性。

（七）体育教学过程

1. 开始与准备部分（9～10 分钟）

（1）课堂常规：体育委员整队、报告人数，师生问好，体育教师宣布本课教学内容和教学目标。

（2）队列练习：原地转法、跑步、立定。

（3）行进间徒手操。

目的：学生明确体育教学目标，学生身体的各个部位得到充分活动，避免意外伤害，为基本部分的学习奠定基础。

2. 基本部分（31～33分钟）

（1）复习改进助跑起跳技术。

①辅助练习：上步提腿练习、上步起跳提腿练习。

②学生两人一组做助跑起跳的模仿练习。

③助跑起跳练习。

目的：巩固提高学生助跑起跳技术，使学生做到起跳充分有力，提肩拔腰，摆动腿到最高点时伸直并与杆平行。

（2）改进过杆技术。

①过杆的模仿练习，学生体会摆动腿内转下压，起跳腿上提外旋，两腿剪绞动作。

②一步过杆、三步过杆练习，强调摆动腿内转下压和起跳腿上提外旋。

③针对练习中出现的问题，体育教师重点讲解杆上动作并示范，使学生进一步明确技术概念。

④上步起跳跨越双杆的练习，要求臀部不能触杆。学生体会起跳腿上提外旋，上体内转，移髋过杆。

⑤3～5步助跑的跨越式跳高练习3～4次。学生练习体会，逐渐掌握过杆技术。

⑥体育教师巡回指导，有针对性地辅导差生，纠正动作错误。

a.起跳不充分，摆动腿触杆。采用助跑起跳的模仿练习纠正。

b.两腿配合不够协调，起跳腿触杆。采用过杆的模仿练习纠正。

c.转体移髋不够，腿部触杆。采用上步起跳跨越双杆的练习纠正。

目的：关注学生个体差异，对未掌握动作的学生采用有针对性的教学方法进行辅导，确保每一名学生都能进步与提高。

（3）跨越式跳高完整练习。学生自选高度跨越式跳高练习3～4次。高度分别为85厘米、90厘米、95厘米、100厘米，学生根据自己的能力选择不同的高度，鼓励学生完成一个高度后继续挑战下一个高度。

目的：改进与提高学生的跨越式跳高技术，培养学生勇于挑战自我的意志品质。

（4）跨越式跳高挑战赛。85厘米、90厘米、95厘米、100厘米高度，每一组选一名同学跳比自选组高5厘米的高度，如85厘米组选的同学要跳90厘米的高度参加挑战比赛，每人有3次试跳机会，成功的得1分，失败的得0分，积分多的队获胜。

目的：通过挑战赛提高学生练习积极性，激发学生潜能，培养学生竞争意识和规则意识。

3. 结束部分（3～4分钟）

学生放松练习，体育教师小结本课情况，布置收还器材，宣布下课。

（八）体育教学评价

1. 技能评价

通过本节课学习，预计90%的学生能完成摆动腿顺势下压，起跳腿上提外旋，移髋过杆。

2. 情感评价

通过本节课学习，学生具有勇敢果断、积极进取、勇于挑战自我的意志品质。

（九）练习密度与运动负荷

练习密度预计为36%，运动负荷：预计心率在120次/分左右。

【案例四　初中单肩后滚翻成单膝跪撑平衡体育课说课】

（一）体育教学指导思想

本课以《体育与健康新课程标准》为依据，以"终身体育，健康第一"为体育教学指导思想，坚持以学生为主体，为学生提供一个自动探究、合作学习的机会和平台，激发学生体育学习的积极性、主动性、创造性，学生通过学习与练习感知问题，在解决问题的过程中，培养欣赏美、追求美，具有塑造和正确评价人体美的能力，促进学生身心和谐发展，达到全面锻炼身体的目的。

（二）学情分析

本节课的教学对象是初中一年级女生，学生身体素质普遍较好，乐思好学，认知能力较好，且具有较强的组织纪律性，集体荣誉感强。在技巧学习过程中，能够不断挑战自我，有较强的团结协作及自主学习意识。但是，大部分女生身体平衡能力和肌肉控制能力较弱，为了提高学生力量、灵敏度、柔韧性，使其建立完成动作的信心，体育教师在准备阶段的教学中进行了垫上形体训练和专项练习，让学生肢体、肌肉有初步体验，为本节课的学习奠定基础。

（三）体育教学内容

"技巧"是中学体操教学中的主要项目之一，技巧的内容丰富、形式多样，对场地器材的条件要求不高，易于开展，深受学生的喜爱。单肩后滚翻成单膝跪撑平衡不仅能有效地增强学生体质，提高学生内脏器官的功能，发展学生力量、速度、柔韧、协调、灵活等身体素质，改善学生前庭器官的功能，提高学生的平衡能力、控制能力，而且也是人类日常生活中必不可少的保护性使用技能。通过技巧教学，可以培养学生观察、分析、交流的能力和互相保护、帮助的能力，对提高学生团结协作、人际交往的能力具有十分重要的意义。

（四）体育教学目标

1. 认知目标

通过单肩后滚翻成单膝跪撑平衡的学习，学生建立正确的动作概念，学会保护与帮助的方法。

2. 技能目标

通过学习，90% 以上的学生能够完成单肩后滚翻成单膝跪撑平衡，发展学生力量、灵敏、柔韧性、协调性等身体素质，提高学生发现问题、解决问题的能力。

3. 情感目标

学生具有团队协作、互帮互助、克服困难的良好品质。

体育教学重点与难点：体育教学重点是放腿、翻臀、头侧屈；体育教学难点是单肩后滚翻时头向后倒着垫与滚翻时撑手的配合。

（五）体育场地器材

20米×20米场地一块，体操垫若干块，丝带若干条，皮筋若干条。

（六）体育教学方法

本课以单肩后滚翻成单膝跪撑平衡的举腿、翻臀、头侧屈为重点，以翻臀与推手时机为难点进行教学，在准备活动和专项练习中将夹肘、头侧屈、后举腿以及形体训练编入其中，让学生肢体、肌肉有了初步的空间体验，为本节课的学习奠定了基础。在体育教学中，体育教师根据以往教学经验，以纠正学生易犯动作错误为主，进行体育教学。

1. 头侧屈困难

纠正方法：在学生跪撑腿膝盖上绑一条丝带，眼睛盯着丝带位置完成头侧屈正确动作。保护者站在练习者侧后方后举腿一侧，一手夹住后举的腿，另一手用手背帮助练习者转头。

2. 后举腿下落或方向不正

纠正方法：在体操垫子上贴"限制性"标志带，腿落在标志带上，使学生落腿方向为正。保护者站在练习者侧后方后举腿一侧，两手握其脚踝，帮助腿后举，待两臂撑直后放手。

3. 手推撑不及时

纠正方法：在学生腹部前放置绷紧的皮筋，当臀部翻过支点垂面触碰皮筋时应及时推手。保护者单腿跪立于侧面可采用一手托肩、一手托后举腿，帮助完成动作。

通过辅助教材，"波浪传球"体育游戏的正迁移，巩固所学动作，提高完成动作的质量，提高学生身体的自控能力，为后面的学习奠定基础。

（七）体育教学过程

1. 开始部分

① 体育委员集合整队，报告人数，体育教师检查学生着装。
② 师生问好。
③ 体育教师宣布本课教学内容和教学目标。

④ 队列练习。

2. 准备部分

① 跑→沿小垫子蛇形跑进。

② 热身活动——听音乐垫上操。

图 9-11　小垫子平行摆放示意

③ 专项准备活动（垫上形体练习）。

直腿后倒仰卧举腿　要求：抬头、挺胸、脚尖膝盖伸直、远端用力。

后踢腿　要求：抬头、挺胸、踢腿高、姿态美、远端用力。

3. 基本部分

（1）改进单肩后滚翻成单膝跪撑平衡技术。

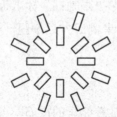

图 9-12　小垫子圆形摆放示意

教学方法：

① 复习改进肩肘倒立动作，要求展髋、夹肘，控制好身体重心及动作姿态。

② 体育教师示范、讲解重点技术环节，要求学生认真观察、积极思考（头着垫、手放位置、推手角度）。

③ 学生看图片。

图 9-13　单肩后滚翻动作示意

动作口诀如下：快速后倒，倒立稳；展髋挺身，肘夹紧；歪头，放臂与分腿，（一臂侧伸，一臂肩上屈臂推撑，一腿后上举，另一腿脚尖点地，腿放正）；经肩滚动方向正；顶肩、推撑要及时；屈膝跪撑举腿高；抬头挺胸姿态美。

④ 体育教师强调保护与帮助方法。

⑤ 站立练习头侧屈、伸臂、撑手动作。

⑥ 躺在垫子上练习头侧屈、伸臂、撑手动作。

⑦ 肩肘倒立放腿、头侧屈伸臂、撑手练习。要求：分腿大，翻臀，头着垫。

保护与帮助方法：保护者站在练习者侧后方后举腿一侧，一手夹住后举的腿，另一手用手背帮助练习者转头。

图 9-14　单肩后滚翻保护与帮助示意

⑧ 学生在互相保护与帮助下练习经单肩后滚翻成跪撑平衡。要求：认真观察，勤于思考（同伴动作，错误动作要提醒，交流、讨论、共同提高）；保护与帮助者认真负责，手法正确。

⑨ 体育教师巡回指导，个别辅导、纠正错误动作。易犯错误及纠正方法：见体育教学方法。

⑩ 学生练习与展示。学生练习，要求体会动作。学生展示，要求互相评价，分析技术，明确标准。

（2）体育游戏"波浪传球"。将学生分为四组，每一组一路纵队直腿坐在垫上，由排头同学双手接球，双脚夹球向后传递，后面同学依此进行，最后一名同学接球后再向前传递，直至排头，球传得最快的组为胜。要求：学生练习积极，按体育老师规定的方法传球。

① 体育教师讲解游戏规则、要求。

② 学生分四组，统一听口令进行比赛。

③ 体育教师评价、总结。

4. 结束部分

① 学生听音乐做放松操。

② 体育教师课后小结。

③ 学生收回器材。
④ 体育教师宣布下课。

（八）练习密度与运动负荷

本课的练习密度为35%，运动负荷：学生的平均心率为130～140次/分钟。

【案例五　初中武术防身术体育课说课】

（一）体育教学指导思想

体育教学中的资源开发原则指出，根据不同的学生，不同的体育教学内容会有不同的教学目标，教学的重点和难点也不同。相同的体育教学内容，相同的学生，相同的教学目标，也可以采用不同的教学辅助器材来完成。一节方便操作的体育课，教学辅助器材一定要少，但其辅助教学的效率却很高，能够一物多用，要求体育教师充分理解体育教学内容与体育器材的开发运用。

（二）学情分析

初中一年级学生是生理、心理发生巨大变化的时期，是学生个性发展的重要时期，这时学生身体迅速成长，活泼、好动，情绪及心理素质不稳定，但有自觉性和独立完成动作的能力，并能对直观事物进行综合评价。在组织体育教学方面，力求简单实用、自然流畅，讲解简短、明白。

（三）体育教学内容

武术是一种强身健体、防身自卫的运动项目，也是青少年喜爱的一项运动。本次课选择武术攻（鞭腿横踢）、防（接腿别腿摔）为教学内容。

体育教学重点是：鞭腿横踢和接腿别腿摔。体育教学难点是：鞭腿横踢转胯，接腿别腿摔的时机和位置。

（四）体育教学目标

1. 认知目标

学生了解武术防身的意义与价值。

2. 技能目标

学生基本掌握武术攻（鞭腿横踢）和防（接腿别腿摔）的动作技术。

3. 情感目标

学生提高积极锻炼的意识和兴趣，具有团结合作和自我保护的能力。

（五）体育场地器材

20米×20米体育场地一块，体操垫若干，每两人一个体操垫。

（六）体育教学方法

本次课选择武术腿法和摔法为主要体育教学内容，并结合体育教师介绍防身术的作用，与武术和散打运动的关系，结合讲解、示范等体育教学方法，让同学们进入跃跃欲试的状态，再通过分组对练、成果展示等教学过程，增强学生展示自我、自主学习、积极锻炼的意识，注重创新能力培养。

（七）体育教学过程

1. 开始部分（8分钟）

（1）体育课的常规。

（2）热身跑（图形跑）。热身运动是利用体操垫的摆放采用蛇形跑。在热身阶段增强跑的趣味性，调动学生的积极性。

（3）"抢垫子"游戏。学生围成一圈，将体操垫抽出两张，摆放于圈中，在体育教师发令后，每张体操垫有且只能有两人占据，先到先得。没有抢到体操垫的同学将接受"惩罚"。

（4）拉伸练习。学生在体操垫上进行髋关节、大腿后侧和内侧等部位的拉伸。

2. 基本部分（30分钟）

（1）专项练习（单足推手体育游戏）。两名同学位于体操垫两端，同时以左脚作为支撑脚（静止不动），右脚抬起，比赛开始后可以采用发力或者躲闪发力来使对方重心不稳，从而获得胜利，采用三局两胜制。

利用体操垫的松软度对鞭腿横踢的支撑腿力量进行唤醒练习，同时也锻炼学生的平衡能力。体操垫的作用是加强踝关节力量练习，控制两人间距离，同时起到一定的保护作用。

(2) 攻（鞭腿横踢的教学）。体育教师示范、讲解鞭腿横踢动作的要领，引导学生建立"人工靶"学练，也可以称为"人肉沙包"。利用体操垫构建"人工靶"，提高学生练习的兴趣。体操垫的作用是练习的学生可以体会到鞭腿横踢脚的接触部位，同时体操垫的松软度对充当"人工靶"的学生有保护作用。

(3) 防（接腿别腿摔的教学）。体育教师示范、讲解接腿别腿摔的动作要领，组织学生先分解练习，再完整练习，引导学生培养武术中的攻防意识，对于技术动作的理解有非常重要的作用。利用体操垫构建安全的练习场所，解除学生练习时的后顾之忧。

(4) 身体素质练习。将体操垫间隔一定距离摆放，组织学生进行单足跳跃练习与比赛。强化学生支撑腿力量的练习，提高学生的平衡能力。构建距离相同（或者不同）的间距，有步法训练梯的作用。

3. 结束部分（5分钟）

(1) 放松练习。学生体操垫上进行合作放松，如揉捏、拍打等。由于学生支撑腿（左腿）在本节课学练中运动负荷较重，这样的合作放松，既增进同学间友谊，又有放松的功效。将体操垫当作按摩床，让学生身心舒适。

(2) 体育教师对体育课进行评价和小结。

三、小学体育课说课

【案例一 小学40米迎面接力体育课说课】

（一）体育教学指导思想

本课依据《体育与健康课程标准》的基本精神，以体育教学"健康第一"的理念为指导思想，针对小学生身心发育的特点，充分发挥体育教学中"体育教师是教学主导、学生是学习主体"的作用，通过40米迎面接力跑的技术学习，学生掌握传接棒的方法、体验运动的魅力，学生学会团结协作，培养集体主义精神。

（二）学情分析

授课对象是小学四年级的学生，他们正处在长身体的时期，身体发育还不完善，心理发展也不成熟，走和跑的动作还未定型。在体育教学过程中，体育教师采用趣味性强、形式多样的情境体育游戏，引导学生逐步掌握交接棒的动作方法，使学生在情境教学体验中感受运动的快乐，循序渐进实现本课教学目标。

（三）体育教学内容

本课体育教学是以人教版的《体育与健康》教学指导用书第 4 册为依据，选择 40 米迎面接力为主，创编了体育游戏《重建家园》。体育教学中的重点是 40 米迎面接力跑的传接棒。

（四）体育教学目标

1. 认知目标

通过体育课教学，学生了解地震时的自我保护常识和灾后团结重建的重要性。

2. 技能目标

学生掌握迎面接力交接棒的动作方法，提高奔跑能力和准确的判断能力。

3. 情感目标

通过迎面接力的学练和情境体育游戏，使学生学会团结协作，具有集体主义精神。

（五）体育场地与器材

50 米体育场地一块，自制接力棒若干。

（六）体育教学方法

体育教师自制接力棒，并将上部与下部用标识区分开，方便学生体会交接棒的握棒。

（1）体育教师运用教学演示法，为学生准备体育教学挂图，设计学生自测评价表。

（2）体育教师运用情境教学法和游戏法，设计队列小游戏《突围演练》、双人模仿操、体育专项游戏《错肩行进》、对抗性游戏《重建家园》。

（3）体育教师运用讲解法和示范法，教授迎面接力交接棒技术，学生合作练习，自选达成目标，让学生在玩中学，学中悟，悟中育。

（七）体育教学过程

1. 开始部分：创设情境，巧导入（3分钟）

（1）情境导入：根据学生的认知规律，用音乐渲染情境唤起学生对自然灾害的关注。

情境设计：同学们，在2008年5月12日下午，四川汶川发生了8级的大地震，面对地震，同学们如何保护自己呢？让我们共同行动起来，支援汶川的小朋友《重建家园》吧！

（2）队列练习：《突围演练》。学生按地面上的图形，熟悉"突围"路线，整齐有序进行撤离，培养学生遵规守纪和具有集体主义精神。

2. 准备部分：激发兴趣，玩中悦（7分钟）

（1）自编双人模仿操。学生在振奋的音乐中进行练习，把"抢救伤员""搬运石块""交接物资"等"抢险现场"的工作，编入双人模仿操中，强化学生合作意识，增强学生交接动作的默契配合，提高学生学练积极性。

（2）体育专项游戏《错肩行进》。学生听到体育教师发出的信号后，迅速错肩前进。在游戏中要求学生思考，距离多少错肩前进的时间最短。

3. 基本部分：合作学习，乐中悟（27分钟）

（1）体育教师出示挂图，讲解快速交接棒动作技术，强调技术要点，与一名学生合作示范快速交接棒动作技术。

（2）学生两人互助练习。体育教师让各组同学观察小组握棒部位、错肩前进的方法及交接棒时机，引导学生在小组讨论中发表自己的意见，培养学生独立思考与解决问题的能力。

（3）合作练习与自选达成目标。学生3人一组听信号迅速进行交接棒练习，之后选择符合自己小组的达成目标（成功1次、成功2次、成功3次），在合作练习中，发现问题，解决问题，掌握迎面接力的基本动作技术，提高合作精神和人际交往能力。体育教师通过观察，鼓励不同的学生选择适合自己的练习方法。

（4）对抗性游戏《重建家园》。通过小组合作练习，调动学生学习的积极性，学生迅速完成障碍赛跑的交接物品任务，培养学生团结协作、遵守规则的良好品质，促进学生身心和谐发展。

4. 结束部分：稳定情绪，评中乐（3分钟）

（1）放松整理活动，学生在《爱的奉献》音乐中放松心情，调整成功与失败的心理体验。

（2）体育教师小结，师生再见。

（八）体育教学评价

（1）体育教师从学生练习中，观察与发现存在的问题，对合作练习中学生的表现进行综合评价（以鼓励为主）。

（2）学生自主评价和合作小组成员间相互进行评价。

（3）体育教师对表现出色的学生进行表扬、宣传与鼓励。

（九）学生运动负荷

练习密度在35%～40%之间，平均心率为125～130次/分。

【案例二　小学蹲踞式起跑体育课说课】

（一）体育教学指导思想

培养学生对体育运动的兴趣，提高学生参与体育活动的积极性是小学阶段体育课的重要目标之一。本课根据学生的心理特点，激发学生的学习兴趣，创设轻松愉快的教学环境与氛围，让学生学会学习、合作、创新，在学练中让每个学生在玩中学、学中玩。本课采用师生间、学生间小组合作学习的方式开展教学活动。体育教师通过运用多种体育教学方法进行语言引导、启发、提示，学生相互评价，使学生学习由易到难，由分解到完整的练习，循序渐进掌握蹲踞式起跑的动作技能和要领，激发学生自主学习的参与意识、合作意识，提高同学间的相互评价能力，把学到的知识应用到体育教学比赛当中，通过实践活动，促进学生体育技能的不断提高，从而达到促进学生身心全面发展的目的。

（二）学情分析

本次课是五年级小学生"蹲踞式起跑"的第4次课，在前3次课的学习中，学生练习听"各就位"口令时，很快就掌握了"前脚离线一脚半，后脚放在前脚边，两手之间与肩宽，五点支撑要平稳"的动作技术。但在练习听"预备"口令时，蹲踞式起跑的"预备"姿势支撑不稳，学生在体会"重心前移肩过线和臀部抬起高于肩"时，出现了后腿蹬直或两条腿几乎都蹬直的现象。在听"跑"的口令发出时，学生没有"充分后蹬"的腿部动作，起跑蹬摆不是十分充分有力，起跑后加速跑时有的学生出现身体左右摆动的情况，有的学生还出现了抢跑犯规的现象。

（三）体育教学内容

本节课的教学内容选用的是人教版的小学"体育与健康课程"教材《田径——跑：蹲踞式起跑》的内容。蹲踞式起跑教学内容共由 4 次课的体育教学来完成，本节课是第 4 次课的体育教学。

五年级学生的蹲踞式起跑教学，主要是通过体育教学使学生掌握蹲踞式起跑的基本技术，让学生听到各种信号后身体能快速启动起跑。学生能体会尽快使身体摆脱静止状态，充分发挥摆臂蹬地的力量，培养起跑后加速跑时后蹬跑的能力。

本次课在前 3 次课教学的基础上，教学重点是以学生听到信号或"跑"的动令后身体的快速反应，以及快速蹬摆用力向前尽快进入起跑后的疾跑；体育教学难点是积极摆臂与蹬地相结合，维持身体前倾姿势中运动的平衡能力。

为了协调发展学生的上下肢，增强学生上肢力量的支撑能力，体育教学辅助教材搭配的是"举重物接力"游戏。

（四）体育教学目标

1. 认知目标

学生掌握蹲踞式起跑的动作口令及要领，知道田径短跑简单的规则。

2. 技能目标

学生掌握蹲踞式起跑"预备"动作——"重心前移肩过线，臀部稍高于肩"，并能较好掌握蹲踞式起跑的完整动作技术。

3. 健康目标

学生的灵敏性、快速反应能力、上肢力量、蹬摆协调配合的能力得到发展。

4. 情感目标

学生的小组合作意识、公平竞争思想等品质得到培养与提高。

(五)体育场地器材

30米×40米场地一块。

(六)体育教学方法

本节课体育教师采用讲述法、练习法、体育游戏法、体育竞赛法、合作学习等体育教学方法,通过语言引导,提示动作要领,学生分解练习和完整练习,学生相互评价等,使学生的学习由易到难、循序渐进。在体育教学比赛当中,激发学生学习的主动性,培养合作学习的意识,鼓励同学间相互评价、相互学习。

(七)体育教学过程

1.开始部分(7分钟)

(1)课堂常规(2分钟)。

① 体育委员整队、报告人数。

② 师生互相问好,宣布教学内容与教学目标。

③ 安排见习生。

(2)一般性准备活动(2分钟)。

① 原地各种关节的活动。

② 原地双脚不同方向的跳跃。

(3)专项准备活动(3分钟)。

① 行进间高抬腿跑。

② 20米加速跑。

上述练习是为了减小学生肌肉的黏滞性,增加学生身体关节的灵活性、脚踝的支撑能力,以及使学生尽快适应跑步的需要。

2.基本部分(30分钟)

(1)体育教学内容:观察跑鞋的结构(2分钟)。体育教师让学生观察跑鞋,提问"为什么跑鞋前脚掌有钉,而后脚跟没有钉呢",提示结合我们的起跑动作来想。学生回答"起跑要用前脚掌着地,后脚跟不着地。而且在跑动中,主要是以前脚掌着地后蹬发力,所以前脚掌有钉"。

(2)体育教学内容:学习蹲踞式起跑技术(3分钟)。体育教师出示"蹲踞式起跑"图示，让学生再次认真观察"预备"和"跑"的姿势，并用彩笔标注出。"预备"姿势要点：重心前移肩过线，臀部慢抬高于肩。把动作要领编成顺口溜教给学生，"前脚离线一脚半（大约），虎口向前顶白线（后沿）；后膝放在前脚边，缓缓抬臀高于肩；重心前移肩过线（适度），提膝后腿稍弯曲；蹬摆协调是关键，步幅逐渐来加大"。

体育教师利用操场上的跑道线、足球边线等条件，让学生自己选定练习的起跑线，可以用脖子上的红领巾作为标志物，体会当臀部抬起前移肩时，红领巾过线就表示肩过线了。学生自己按照顺口溜的要点，练习蹲踞式起跑姿势。

评价方式采用学生自我评价。

（3）体育教学内容：重点学习与体会"预备"和"跑"的技术动作（3分钟）。体育教师采用小组合作学习的方法，仍然利用学生们佩戴的红领巾体验重心前移肩过线的练习。前后两名学生一组，一人发口令，另一人做练习。发口令的同学负责检查练习者的动作是否符合动作要点，对错误动作进行纠正。体育教师巡视指导，重点辅导。

评价方式采用学生互相评价。

（4）体育教学内容：利用墙根的蹲踞式起跑（3分钟）。安排在一堵墙旁，体育教师完整示范蹲踞式起跑技术动作。学生给体育老师发口令，并认真观察教师的示范。教师讲解动作要点"反应迅速、蹬摆有力、跑成直线"。

学生还是小组合作练习，前后两名学生一组，一人发口令，另一人做蹲踞式起跑练习，后脚跟抵在墙根下，辅助练习者迅速出发（起到起跑器的作用）；两人轮换发口令练习，体育教师巡视指导检查。

评价方式采用学生互相评价。

（5）体育教学内容：不同发令方式的蹲踞式起跑（3分钟）。体育教师采取不同的发令方式，如击掌、吹哨、喊号、鸣枪，提高学生听各种声音的快速反应能力，增加练习的趣味性。体育教师发口令，学生分小组练习。体育教师注意观察学生练习中的问题，采取个别指导和集体指导相结合的方式进行错误动作的纠正与指导。

评价方式采用体育教师评价。

（6）体育教学内容：蹲踞式起跑教学竞赛（3分钟）。在体育教师事先准备好的比赛区域内进行体育比赛，比赛采用起跑后的追逐跑、单个学生间的挑战赛、小组间的挑战赛、学生自荐与体育教师比赛等形式，巩固蹲踞式起跑的正确技术，提高学生的快速反应能力，培养学生公平竞争的思想。

评价方式采用体育教师或学生评价。

（7）体育教学内容：体育教学目标达标测验（10分钟）。通过蹲踞式起跑4次课的体育教学，学生知道了蹲踞式起跑是田径短跑项目中普遍采用的出发姿势；学生掌握了蹲踞式起跑的口令构成（各就位、预备、跑或信号）；学生掌握了蹲踞式起跑的正确技术动作。下面，采用达标测验的方法，要求学生用蹲踞式起跑姿势进行20米跑的计时测验，要在5秒内完成，并且蹲踞式起跑姿势要达到以下表格中的技术评价标准。

表 9-2 蹲踞式起跑技评标准评价表

技评	标准			
	优秀	良好	及格	加油
各就位	前脚离线一脚半，后脚放在前脚边。两手之间与肩宽，五点支撑要平稳	基本正确，重心稳定	比较正确，重心比较稳定	基本能模仿
预备	重心稳定，臀部抬起高于肩，重心前移肩过线	基本正确，重心稳定	比较正确，重心比较稳定	重心不稳
跑或信号	反应迅速，蹬地摆臂有力、协调、快速	反应快，蹬地摆臂基本协调、快速	蹬地摆臂不是很有力	反应比较快，但加速无力
20米跑计时	3″5～4″0	4″1～4″5	4″6～5″0	5″1以上

（8）辅助教材体育教学内容"举重物"比赛（3分钟）。为了协调发展学生的上下肢，增加学生的上肢力量，辅助教材搭配的体育教学内容为"举重物——挥举小哑铃"练习，学生可根据自己的上肢力量完成挥举小哑铃的次数。每个小组围成一圈，一起喊数、一起做。

3. 结束部分（3分钟）

① 体育教学内容：猜拳游戏。体育教师与学生相距5米，开始时学生都与体育老师猜拳，剪刀、石头、布，赢的学生向体育老师的方向前进一步，输者后退一步，猜拳相同者，原地不动，看看谁能先到达体育老师身边。

② 体育教学内容：课的小结。体育教师对于学生本节课中体育教学目标的达成情况进行总结，对于需加油的学生进行鼓励。

（八）体育课运动负荷

本课预计练习密度 35%，预计学生最高运动脉搏 130 次 / 分。

【案例三　小学"传递梦想"投掷轻物体育课说课】

（一）体育教学内容

根据体育教学指导思想，体育教师选择了四年级"投掷轻物"的教学内容为本课的主内容，以"火炬传递"接力跑为辅助内容。考虑到四年级学生的生理与心理特点，结合水平二的运动参与、运动技能、身体健康、心理健康与社会适应这四个体育教学目标，确定了本节课的体育教学目标和体育教学方法。

本节课体育教学的重点与难点

（1）体育教学重点：持轻物掷远时侧对投掷方向，蹬地、转体、过肩挥臂向远处投。

（2）体育教学难点：持轻物掷远动作连贯协调。

（二）体育教学目标

1. 运动参与

学生在玩中学会投掷动作技术和迎面接力动作技术，学生能以饱满的热情积极投入到体育课学习练习中。

2. 运动技能

通过学习轻物投远，学生提高投掷的水平与技术。在"火炬传递"游戏中，学生掌握迎面接力的动作技术。

3. 身体健康

运用投掷轻物发展学生上肢力量，形成正确的投掷姿势。在迎面接力跑中，发展下肢力量及身体的灵敏性。通过本节课的教学，引导学生积极参与体育锻炼，培养终身体育的意识。

4. 心理健康与社会适应

学生形成良好的竞争意识，在拼搏中建立自信心，培养良好的团队合作精神。

（三）体育教学方法

（1）采用体育游戏法、体育竞赛法、情境教学法等，以灵活多变的教学手段贯穿始终，使学生在玩中分享运动的喜悦，真正体验到体育运动的乐趣，最终达到掌握运动技能和锻炼身体的目的。

（2）体育教师的引导和启发，学生进行自主练习，动手、动脑，充分发挥学生的主体作用。

（四）体育教学过程

1. 点燃激情，激发兴趣

在体育课的开始部分，通过师生对话让学生进入快乐课堂，通过"开火车"慢跑游戏和舞蹈《幸福拍手歌》，使肢体充分活动，激发学习兴趣，提高学生展示自己的能力。

2. 放飞梦想，掌握技能

（1）体育教师讲解示范投掷动作要领，引导、鼓励学生做出多种投掷练习。

（2）学生自行尝试各种各样的投掷方法，进行轻物投掷练习（自由练习）。

（3）体育教师巡视，在这一过程中去发现已经学会投掷的或者初步掌握投掷的同学。引导学生通过观察、交流，总结出投掷的动作要领：侧身转体、蹬地、挥臂。

（4）引导学生小组练习，互相指导。

（5）小组练习，努力超越。

这样设计是为了让学生体验身体的协调配合，挖掘自身的创造力，鼓励学生提高自我表现的能力。通过探究和自主练习让学生初步学会投掷的技术，体验成功。

3. 传递梦想，拓展能力

接力游戏：传递梦想是以奥运火炬传递为主题，通过设计各种障碍物等方式进行传递，使学生在游戏中得到锻炼，培养团队精神。

4. 梦想成真，放松心情

随音乐师生同跳《小白船》舞蹈，使学生在轻松愉快的气氛中放松心情。让学生说说自己的收获和需要努力的地方，指出别人的优点。

【案例四　小学原地侧向投掷垒球体育课说课】

（一）体育教学指导思想

本课依据《体育与健康课程标准》学习目标，把培养良好的运动情绪放在首位，激发学生对体育的兴趣。让学生在轻松愉悦的学习环境中，掌握所学的技术动作，提高运动技能，进一步促进身体素质和运动能力的发展。主要围绕"运动参与""运动技能""身体健康"等学习领域开展身体活动。

在体育教学过程中，依据教学内容，学生的心理特点，以及相关学科的联系，重视启发学生思维，开拓学生智力，做到智力活动与体力活动相结合，体力发展与能力发展并重；全课紧紧围绕主教材，采用多种形式的体育教学方法和练习方法，并结合小实验，让学生发现和理解技术动作，明白道理，掌握体育技能，把"懂、会、乐"三者有机完整结合，提高学生的投掷能力。

（二）学情分析

本课授课对象是小学五年级的学生，这一阶段的学生具有以下特点：易从直观形象的思维能力向抽象逻辑思维过渡，善于思考、探索；学生注意力容易分散，集中时间不长，好动是这一时期的特征；学生具有丰富的想象力。虽然本年龄段的学生抽象思维能力、理解能力及判断能力还不够成熟，但是他们可塑性强，容易学会各种各样的动作。所以在内容讲解时采用了直观的教学方法和生动有趣的教学形式，使得学生的注意力不容易分散，同时把抽象的知识和平淡的内容进行改编。寻找科学有效的方法实施体育教学，使学生想学、乐学，更多地为学生的发展提供有利的体育学习环境。本课授课学生体质状况总体一般，有较高的集体荣誉感，各学习小组都有体能相对较好的学生，还有部分体能一般、技能基础较好的学生，在体育教学中，体育教师应注意充分发挥优秀学生的龙头作用，鼓励和带动一小部分相对较差的同学。

（三）体育教学内容

本课选择实心球作为主要体育教学内容，实心球是一项发展力量素质为主的体育投掷器材。通过对这一内容的学习，发展学生身体的灵活性和协调性。同时，在体育教学内容的选择上，注重全面性和合理搭配。锻炼的部分，既有上肢，又有下肢，既学会体育技术动作，又使学生全身各项素质都能得到全面发展，同时把思想教育贯穿于体育教学之中，让学生养成日常锻炼时注意安全的习惯。

体育教学重点与难点：体育教学重点是背弓充分、出手速度快；教学难点是用力顺序和出手角度。

（四）体育教学目标

（1）学生提高投掷能力、身体的灵活性和协调性。

（2）学生在体育活动中具有展示自我的愿望和行为。

（3）学生具有良好的组织纪律性，具有日常锻炼时注意安全的习惯。

（五）体育场地器材

篮球场1块，实心球8个，橡皮绳1条，录音机1台，废旧纸板4张。

（六）体育教学方法

根据本课体育教学内容的特点，采用讲解法和示范法，以激发学生的练习兴趣，使学生积极主动地学习；再运用分解练习法和完整练习法，使学生更快地掌握动作要领。让学生在练习中发现问题，从中悟出正确的动作原理、要领和方法，提高学生练习的积极性和主动性。

（七）体育教学过程

针对小学生的实际情况，以及本课教学内容特点，贯彻启发诱导、循序渐进的体育教学原则，将本课分为四个环节，即听清数字反应快，找到朋友喜唰唰；争当无敌大力士，球越横绳乐哈哈；体智结合送信忙，拼出字来棒棒棒；音乐语言在其中，"小乌龟"意念巧放松。

1. 听清数字反应快，找到朋友喜唰唰

在这个环节中，把以往枯燥的慢跑、做操形式的准备活动，以体育游戏来代替，采用了学生喜闻乐见的游戏——快找同伴，为了适应学生的心理特点，增加趣味性，在游戏时，加上数字的加减乘除和变换方向的跑，这样在无形中调动了学生的注意力和积极性，提高反应能力，为掌握体育技能奠定基础。

2. 争当无敌大力士，球越横绳乐哈哈

这个环节中的主要教学目的是让学生在轻松愉悦的氛围中提高投掷能力，为此，将本环节分为三个步骤进行，采用了出示挂图、小实验和体育教师示范等直观教学。

首先，体育教师出示挂图，帮助学生较生动具体地了解动作形象、技术结构和幅度、路线，以及技术动作的完成过程，学生形成动作表象和感性认识。同时，在出示挂图时，体育教师采用简明易懂的讲解方法，把体育教学动作分为两段，逐段进行讲解，强调发力顺序和学生易犯错误的地方，突出体育教学的重点、难点，这样讲解层次分明，易被学生接受。

其次，是向学生展示两个对比性较强的小实验，在做实验的同时，加入提问和对比的讲解方法，把相应的两个实验加以对比，先提问再讲解，启发学生。例如：为什么第一个实验的球会成抛物线飞出，而第二个球却径直落下？通过这种方法可以启发学生积极思考，提高他们的学练兴趣。然后再指出他们的差异、正误、优劣等区别。这样可使学生获得更为具体、鲜明的认识，加深理解，突出动作难点解决的重要性。

最后，让学生进行徒手练习，在练习时改变了以往四列横队的站法，使用圆圈站法。体育教师在圈中，可多个角度示范，使学生更清楚地看清示范动作。

在练习阶段，练习场地是这样设计的：在一定远处设定适应学生投掷水平的标志线，让学生有抛掷的目标，增加练习兴趣；并在投掷前方设置一定高度、色彩鲜艳的橡皮绳，要求学生在练习时应把球抛过橡皮绳，从而达到改进出手角度和协调用力的目的。在练习过程中，采用重复练习法，使学生在反复练习中掌握和巩固动作技术，同时及时给予口头评价和暗示，如"出手快""蹬地快""背弓充分""稳住"等，使学生实现教学目标，提高完成动作的质量。

3. 体智结合送信忙，拼出字来棒棒棒

通过"我们真棒"的游戏，培养学生小组协作能力和团结、互助、勇于克服困难的精神，使学生的脑力活动和体力活动达到有机统一，把课堂气氛推向高潮，从而达到育心强体、增智促技的作用。

4. 音乐语言在其中，"小乌龟"意念巧放松

① 教师通过语言，引导学生进入情景并配以优美的音乐，使大脑肌肉得到有效放松，恢复到相对静止状态。

② 本课小结，体育教师讲评本课体育教学与练习的优缺点，使学生了解学习效果。

【案例五　小学跨越式跳高体育课说课】

（一）体育教学指导思想

本课以体育技术教学为指导思想，教学中强调以掌握跨越式跳高运动的基本知识、技术、技能为主要任务，强调跨越式跳高运动技术学习的逻辑性、系统性和规范性，使学生清晰认识跨越式跳高运动技术，增强学生体质，发展学生身心健康。注意跨越式跳高教学要贴近学生的社会生活，注重个体差异和不同需求，使学生快乐学习。

（二）学情分析

本次课的授课对象是小学五年级学生。通过与学生的交谈，了解到学生对跨越式跳高有着比较浓厚的兴趣，尤其是喜欢过杆时飞跃的感觉。但是由于这时期的学生腿部力量、爆发力和协调性还较差，第一次体育课的学习会有较多的失败和挫折感，所以在体育教学中，要注意用多种体育教学方法，营造活跃的课堂气氛，培养学生的运动兴趣，使学生在兴趣的引领下，逐渐喜欢跨越式跳高这项体育活动。

（三）体育教学内容

跨越式跳高是北京市义务教育课程改革试验教材《体育》第五册（五年级用）中五年级跳跃教材中的教学内容，跨越式跳高从技术结构上可分为：助跑、起跳、过杆、落地4个部分，其中过杆动作在技术结构中十分重要，因为用同样的助跑和起跳，由于过杆姿势不同，跳过的高度也不同。在各种跳高的过杆姿势中，跨越式过杆动作是最基本的，也是最接近学生社会生活的。

跨越式跳高教学共安排5次课。

第1次：学习跨越式跳高过杆、落地的技术。

第2次：学习助跑和起跳的技术，并结合过杆、落地动作，初步完成完整的跨越式跳高动作。

第3次：完整的跨越式跳高练习。

第 4 次：改进提高完整的跨越式跳高技术，并与跨越式跳高技术相结合，进行专项身体素质练习。

第 5 次：技评考核。

本课是第 1 次课：学习跨越式跳高过杆、落地的技术。

体育教学的重点与难点：体育教学的重点是两腿依次过杆；体育教学的难点是摆动腿与起跳腿的配合。

（四）体育教学目标

（1）运动参与：学生能积极参加体育课的学习，充分利用体育场地、器材进行练习。

（2）运动技能：90% 的学生初步掌握跨越式跳高过杆、落地技术。

（3）身体健康：学生的弹跳能力、灵敏协调能力得到发展。

（4）心理健康和社会适应：学生树立勇于战胜困难和挫折的自信心，敢于竞争，战胜自我，体验成功，具有团结协作的团队精神。

（五）体育教学方法

（1）采用讲解教学法，讲解动作要领。

（2）演示教学法，利用挂图结合讲解与示范，使学生初步建立正确的跨越式跳高技术动作概念。

（3）练习法，利用分解练习法和完整练习法，用皮筋充当横杆，降低了学生怕杆的恐惧心理和练习难度。

（六）体育场地器材

体育教学场地：充分利用学校现有场地，使学生能够安全进行活动。

体育教学器材：挂图 1 个，跳高架 4 副，垫子 5 块，皮筋 5 根，接力棒 4 个，红布条 4 根。

（七）体育教学过程

1. 开始部分（2 分钟）

体育课堂常规，学生站队，体育委员报告人数，体育教师安排见习生。

2. 准备部分（5分钟）

（1）徒手操，每节操由一名学生担任领操员，共5节操。体育教师在学生练习中，检查并提示学生动作要正确。

（2）跨越式跳高准备练习，学生两腿依次跳过地上的标志线。

3. 基本部分（28分钟）

主教材教学内容：学习跨越式跳高

动作要领：起跳腾空后，摆动腿摆越横杆时，上体前倾，摆动腿下压，起跳腿积极向上高抬，使大腿靠近胸部，小腿上摆。接着上体抬起，摆动腿同侧肩随着摆动腿的下压，向起跳方向扭转，两臂上摆，使臀部和起跳腿迅速移过横杆。摆动腿和起跳腿相继落地，并屈膝缓冲。

（1）利用一定高度的皮筋，学生做两腿依次跨越练习。主要目的是使学生体会两腿跨越物体的感觉。

（2）体育教师出示挂图并讲解、示范跨越式跳高过杆动作，使学生初步建立一个正确的技术概念。学生根据自己的情况确定起跳脚。

（3）学生分成5组（其中一组是以右脚作为起跳脚），利用皮筋做过杆动作的练习，教师做巡视指导，纠正错误动作。这个练习，重点是让学生在降低难度的情况下，体会本课的教学重点。

（4）根据学生的情况设置4个不同高度，学生自主选择进行练习。通过一定的练习，学生可根据自己掌握动作的情况，自行调整到更高的高度组别进行练习。右脚起跳的学生单设一组进行练习。

（5）在练习的过程中，教师或同学之间进行错误动作的纠正。

易犯错误动作与纠正方法：

（1）没有起跳动作迈过横杆。纠正方法：强调摆动腿积极摆动，起跳腿充分蹬伸。

（2）过杆时上体后仰。纠正方法：坐在垫子上，向起跳腿一侧做转体的动作。

辅助教材教学内容：游戏"圣火传递"。学生分成4组，迎面接力跑30米"传递火炬"接力棒，先完成的队为获胜方。

游戏规则：传递时不能掉棒。

4. 结束部分（5分钟）

（1）整理放松活动，体育教师和学生听音乐进行放松活动，使学生身心得到充分放松。

(2)体育教师进行课堂教学评价和课堂小结。

(八)体育教学评价

(1)学生自评:学生根据自己的学习态度和技术动作掌握情况,客观评价自己。

(2)学生互评:同学之间互相评定,要求客观、公正。

(3)体育教师点评:体育教师对于整体学生的学习情况、技术动作掌握情况进行评价。

(九)体育课运动负荷

练习密度预计为 30%～40%;学生平均心率预计为 120～130 次/分。

【案例六　小学立定跳远体育课说课】

(一)体育教学指导思想

坚持"以学生发展为本",突出学生主体地位,充分发挥学生的主体作用,是优化体育教学过程,提高体育教学效率的关键。培养小学生从小对体育活动的兴趣,提高学生参与体育活动的积极性是小学体育教学的重要目标之一。本课为达到这个体育教学目标,将其归纳为"乐中练,动中练,玩中练"。这里的"练"是发展能力的手段,而"乐、动、玩"则是培养学生兴趣的关键。

(二)学情分析

一年级小学生年龄多在 6～7 岁,协调性较差,注意力较分散,理解记忆力也不够完全。立定跳远动作虽然简单,但对于一年级小同学来说仍然是有一定难度的。从学生整体身体素质状况来看较为一般,且有 9% 左右的肥胖儿。因此,在体育教学时,体育教师要设计新颖、有趣的练习方法和手段,调动他们学习的积极性,如通过体育游戏或竞赛的方式,诱导学生进入角色,激发练习兴趣。另外,在体育教学中要关注学生的个体差异。

(三)体育教学内容

立定跳远是全日制义务教育小学《体育与健康课程标准》(1～6年级),"水平一"身体健康学习领域中的体育教学内容之一。它是低年级跳跃动作的重点内容,是发展学生腿部力量和弹跳力的重要手段,也是跳远落地动作和发展腿部爆发力的辅助性练习。另外,对于发展学生的跳跃能力以及促进下肢肌肉、关节和身体运动器官系统的发展,体验学习跳跃动作的乐趣,有着积极的作用。

(四)体育教学目标

(1)运动参与:学生具有良好的体育活动兴趣,具有积极参与体育活动的态度和行为。

(2)运动技能:学生学习立定跳远动作,提高跳跃技术水平与能力。

(3)培养学生遵守规则、友好合作的优良品质。

(五)体育教学方法

本课教学对象是小学一年级学生,自控能力与认知能力均较差,但是低年级小朋友具有好动、好玩、好思考等特点。抓住这一特点,在立定跳远教学时,本课尝试运用自主学习的方法,让学生有选择地从事体育学习活动。例如:在体育教学中设计了"游戏超市"的情境教学游戏,为学生提供了一系列可供选择的练习,学生可根据自己的需要和兴趣,自由选择游戏内容。这样做改变了以往低年级教学中一切由体育教师带着学生活动的做法,使学生的体育学习由被动转向主动,并且能够给学生多一点自主的选择,多一点独立的思考,以利于激发学习兴趣。在"游戏超市"中,体育教师以指导者、帮助者的身份在学生练习中巡回检查,一旦发现学生需要,能及时提供帮助。

本课力图使学生真正体验到体育活动的乐趣,除了采用指令性集体练习外,也采用了非指令性的结伴练习形式,同时强调学生个体自由发挥的练习形式,练习中,注重鼓励学生自我表现,让学生显示自己在集体中的价值。

(六)体育场地器材

跳远沙坑2个。

（七）体育教学过程

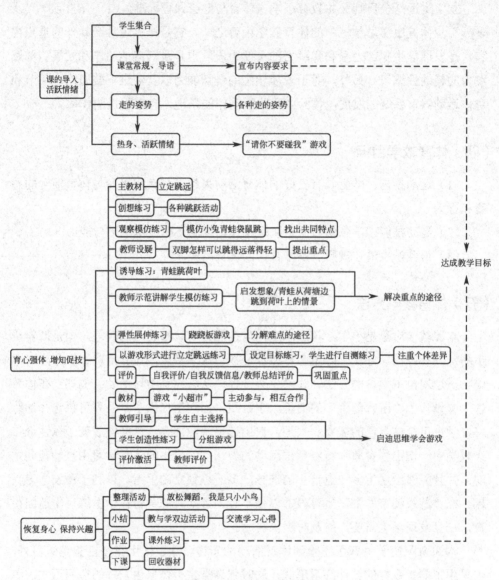

图 9-15　教学流程示意图

【案例七　小学持轻物投准体育课说课】

（一）体育教学指导思想

本节课在快乐体育教学思想指导下，在"原地持轻物投准"运动技术教学的基础上，进一步学习肩上屈肘后引、自然挥臂投准的动作方法，以"带尾巴的沙包"为使用器械，将学生的乐学、勤学，以及育体和育心相结合，最终实现学生都能体验投掷运动的乐趣，理解投掷运动的意义，对学生进行健全的身体教育和人格教育。

（二）学情分析

本节课的授课对象是二年级小学生，在一年级时，他们对"持轻物投准"的动作技术已进行了初步学习，但是由于学生的上肢力量还比较弱，投远和投准的动作完成质量还有待提高。针对这一特点，教师和学生一起自制了"带尾巴的沙包"作为练习器械，"带尾巴的沙包"投掷时会在空中划出一条条美丽的弧线，新颖独特，以提高学生练习的趣味性和积极性。

（三）体育教学内容

本节课的教学内容是人教版的体育与健康体育教材（小学二年级分册）"持轻物投准"教学内容，辅教材是体育游戏"打野鸡"，本课是持轻物投准教学单元的第1次课。在学生一年级已经学过"原地持轻物投准"的基础上，二年级学生要进一步学习肩上屈肘后引、自然挥臂投准的动作技术，提高动作的协调性和连贯性。通过练习，可以发展学生的上肢力量，促进关节、韧带及身体素质的发展，提高学生投掷能力，发展学生感受用力方向与物体抛出方向的空间精确关系的能力。

体育教学重点与难点：体育教学重点是肩上屈肘，肘关节向前，自然挥臂投向标靶；体育教学难点是投准。

（四）体育教学目标

（1）认知目标：学生了解投掷距离与投准的关系。
（2）技能目标：学生熟练掌握肩上屈肘、肘关节向前投准的动作技术。
（3）身体健康目标：学生的投掷能力得到发展。
（4）情感目标：学生具有团结协作的集体主义精神，竞争意识得到发展。

（五）体育教学方法

根据本课体育教学内容和学生情况的分析，体育教师采用情境教学法、练习法、讲解法、示范法、体育竞赛法和游戏法等，促进学生动作技能的掌握与提高。

（六）体育场地器材

师生自制"带尾巴的沙包"50个，投掷靶4块，小桶4个，展板1块，录音机1台。

（七）体育教学过程

1. 开始部分（8分钟）

（1）课堂常规。

（2）左右转法和原地踏步走—立定练习。

（3）体育游戏"传沙包比赛"，使学生巧妙地拿到器材，为下一环节器械操做铺垫。

（4）在节奏欢快的"蜗牛与黄鹂鸟"配乐中，做沙包练习操，通过自主沙包练习，使学生熟悉沙包练习的各种方法，并达到热身的目的。

2. 基本部分（29分钟）

（1）体育教师对"持轻物投准"肩上屈肘、肘关节向前投准的动作技术进行讲解。

（2）学生进行自主投准练习。

（3）学生示范"持轻物投准"肩上屈肘、肘关节向前投准，体育教师提出问题，学生回答。在一问一答中培养学生分析问题、解决问题的能力。

（4）体育教师进一步讲解动作方法，学生加深对于持轻物投准动作的理解。

（5）学生分小组进行不同远度的投准比赛，以便对不同能力的学生进行区别对待。每个小组选出在本课学习过程中表现突出以及进步最大的同学，鼓掌激励，让他们进行示范展示。

（6）学生进行体育游戏"打野鸡"练习，以巩固持轻物投准的动作技术，发展上肢力量。

（7）在体育游戏"打野鸡"练习完成10次后，体育教师对学生学习态度和动作技术掌握情况进行优秀、良好、合格的等级评价。

优秀：学生以积极的态度参与各项练习；学生能够肩上屈肘、肘关节向前、自然挥臂投向标靶，并且投得准。

良好：学生以积极的态度参与各项练习；学生初步掌握肩上屈肘的投掷方法，并且投得准。

合格：学生能够参与各项练习；学生初步掌握肩上屈肘的投掷方法，但动作不协调，基本上投得准。

3. 结束部分（3分钟）

（1）在"木瓜恰恰恰"音乐的伴奏下，学生用肢体语言创造性表达获得成功的喜悦之情，进行放松活动。

（2）体育教师进行课后评价与小结。

【案例八　小学肩肘倒立体育课说课】

（一）体育教学指导思想

本课以《体育与健康课程标准》指出的"坚持健康第一的指导思想，促进学生的健康成长；激发运动兴趣，培养学生终身体育的兴趣；以学生发展为中心，重视学生的主体地位；关注学生的个体差异与不同需求，确保每个学生都受益"为体育教学指导思想。

（二）学情分析

本课授课对象是小学五年级学生，大部分同学比较喜欢体育运动，但身体素质较差，肩肘倒立的技术基础较弱。本课是技巧单元教学计划中的第一次课。

（三）体育教学内容

肩肘倒立是体操教材中的倒立类动作，对学生上肢、腰部肌肉力量以及对身体倒置时控制身体直立的能力都有较高的要求。倒立时支撑面的大小与重心的高低有关。因此倒立动作，要有稳固的支撑面，并且使身体重心稳定控制在支撑面内。学生以前未曾接触过身体倒立，对于本课会很感兴趣，但也会有一些恐惧心理。因此，体育教师在课中要适时调整课堂学习气氛，引导学生学会自我保护。

体育教学的重点与难点：重点是学生克服恐惧心理，建立相对稳固的支撑面，学会帮助与保护；难点是肩肘倒立时的"伸髋立腰"。

（四）体育教学目标

1. 认知目标

学生了解肩肘倒立的动作要点，懂得颈、肩、肘要形成稳固的支撑面，形成自我保护的安全意识。

2. 技能目标

20%的学生能够独立完成肩肘倒立的动作，65%的学生能在同伴的保护和帮助下完成肩肘倒立动作，15%的学生在掌握正确练习方法的前提下，能够主动练习，全体学生都要首先学会保护与帮助的方法。

3. 情感目标

学生在练习中能表现出互帮互助、团结协作的精神，表现出良好的自信心，有乐于表现自我的欲望。

（五）体育教学方法

通过以上教学内容的分析，为了更好地完成体育教学目标，以及很好地解决体育教学的重点与难点，本课采用讲解法、动作示范法、纠正错误动作法、合作练习法等体育教学方法。

（六）体育场地器材

一块20米×20米的空场地，体操垫若干。

（七）体育教学过程

1. 开始部分（7分钟）

（1）学生在体育教师指定地点集合整队。

（2）体育教师检查学生着装。

（3）师生问好。

（4）宣布体育教学内容和教学目标。

（5）体育教师安排见习生。

（6）准备活动：踏板操。体育教师带领学生运用体操踏板，复习练习踏板操，活动身体各个关节。

2. 基本部分（30 分钟）

（1）体育教师完整动作示范肩肘倒立，讲解肩肘倒立动作的技术要领，讲解肩肘倒立动作的保护与帮助方法和练习要求。

（2）学生做直腿后倒的辅助练习，体会垫上感觉，建立学习动作的信心。

（3）在同学的保护与帮助下，学生 2 人一组练习肩肘倒立 5～6 次。

（4）体育教师巡回观察与指导，强调肩肘倒立时的顶肩、立腰、夹肘，纠正学生的错误动作。

（5）请完成动作较好的同学为大家示范，鼓舞士气，为大家树立成功的标兵。

（6）学生 2 人一组进行练习，独立练习 3～4 次，并尽可能停留一段时间。

（7）以学生自荐和小组推荐的形式进行动作展示与评比，提高学生的学习热情与敢于自我表现的信心。

3. 结束部分（3 分钟）

（1）放松活动，体育教师安排学生分组进行垫上爬行接力游戏。

（2）休息时，请学生根据游戏的内容，给游戏取个最贴切的名字。学生思考并回答教师的提问"怎样才能用最快的速度完成爬行"。

（3）体育教师评课与小结。

（八）练习密度与运动负荷

预计练习密度 45%，预计运动负荷心率约 120 次 / 分。

【案例九　小学后滚翻体育课说课】

（一）体育教学指导思想

本课以《体育与健康课程标准》指出的"坚持健康第一的指导思想，促进学生的健康成长；激发运动兴趣，培养终身体育的兴趣；以学生发展为中心，重视学生的主体地位；关注学生的个体差异与不同需求"为体育教学指导思想。

（二）学情分析

针对三年级学生的特点和实际情况，教师在体育教学中力求遵循由易到难、由简到繁的教学原则。体育教师通过提问让学生思考练习，再出示正确的图解，学生自主探索出后滚翻的动作，再根据学生的掌握情况，有的放失地进行补习讲解。

（三）体育教学内容

后滚翻是绕身体横轴向后经臀、腰、背、肩、颈、头部翻转，滚动一周的动作，是九年义务教育六年制小学体育与健康三年级学生的体育教学内容，是小学体育技巧教学中的基本动作。后滚翻教学的重点与难点：重点是做到臀、腰、背、肩、颈、头依次着垫；难点是团身紧、滚动圆。

（四）体育教学目标

（1）学生了解后滚翻与前滚翻的区别及依次触垫的顺序，基本能够完成后滚翻的动作。

（2）学生发展柔韧、灵敏等身体素质，提高身体协调能力。

（3）学生具有认真思考、仔细观察的学习态度和良好的精神面貌。

（五）体育教学方法

体育教师采用挂图演示法、提问法、讨论法、自主学习法，以使学生能自主探索与练习后滚翻的动作，再根据学生的掌握情况，进行讲解、示范与动作错误的纠正。

（六）体育场地器材

一块20米×20米的空场地，体操垫若干。

（七）体育教学过程

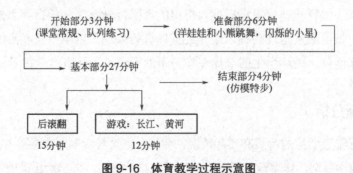

图9-16 体育教学过程示意图

1. 开始部分（3分钟）

（1）体育委员整队。

（2）师生问好。

（3）体育教师宣布体育教学内容和体育教学目标。

（4）学生在运动员进行曲中进行成螺旋形队列练习。

2. 准备部分（6分钟）

（1）学生在音乐《洋娃娃和小熊跳舞》的伴奏中进行练习。

（2）学生在歌曲《闪烁的小星》中进行体育专项练习。

3. 基本部分（27分钟）

（1）学习后滚翻。体育教师先由前滚翻动作引出滚动的知识，学生复习前滚翻动作。然后体育教师提问：还有其他的滚动方法吗？让学生自己探索。

（2）体育教师将后滚翻分解学习与练习，出示第一幅团身向后滚动的图片，学生练习。

（3）体育教师出示第二幅图片，背朝滚动方向，臀部靠脚跟往后，做团身向后滚动，学生练习。

（4）体育教师出示第三幅图片，推垫动作，学生练习。

（5）体育教师最后出示完整动作图片，学生练习。教师再根据学生掌握情况讲解、示范与错误动作纠正。

这样遵循了循序渐进的体育教学原则，将动作由易到难，由简到繁。

（6）体育游戏"长江、黄河"，发展学生的奔跑和躲闪能力，培养学生机智、果断和诚实的品质，游戏结束后，对遵守规则的学生及没有被捉住过的学生给予鼓励，进一步提高学生对体育运动的兴趣。

4. 结束部分（4分钟）

（1）学生在美妙的音乐中，模仿模特走步进行放松。

（2）体育教师进行评价与小结。

（八）练习密度与运动负荷

预计练习密度45%，预计运动负荷心率在120次/分左右。

（九）体育教学评价

95%的学生能够使臀、腰、背、肩、颈、头依次触垫滚动完成动作，成蹲的姿势即可。

【案例十　小学篮球行进间运球体育课说课】

本课按照《体育与健康课程标准》的要求，以"健康第一"为体育教学指导思想，以培养小学生对篮球的兴趣为体育教学目标。体育教学中，给学生以自主学习的空间和机会，充分发挥学生个性特长，通过启发、诱导性练习，培养学生对篮球运动的兴趣，利用各种球性练习让学生初步接触篮球，指导学生学会篮球的运球技术，使每个学生充分享受篮球运动的乐趣。

1. 开始部分（4分钟）

师：同学们好。

生：老师好。

师：今天老师给同学们带来一个小伙伴——（手指）篮球，这节课，我们就来和篮球交朋友，学习篮球的基本技术——行进间运球。我相信每一位同学都能出色完成学习任务，有信心吗？

生：有。

师：首先让我们来做一个"指东打西"的游戏，大家知道快速反应和脚步移动是篮球比赛的关键。这个游戏要求大家运用篮球比赛中的防守动作来完成，比比看谁的反应最快。（我指上，同学们做下；我指左，同学们做右。同学们，准备好了吗？学生在体育老师的引导下做游戏。）

师：大家表现得非常棒（竖起大拇指对学生进行即时评价）。

2. 基本部分（32分钟）

（1）熟悉球性练习（时间6分钟）。

师：现在，我们就开始和篮球交朋友了，大家用最快的速度，去各自的练习场地（篮球场的半场是各组的练习场地）拿球，找自己的伙伴；注意拿球时不要争抢，注意安全。拿到球以后，各自散开，站好。

好，大家的速度非常快，现在每个同学手里都有了自己的伙伴。现在就让我们一起熟悉一下，看看谁能和它成为好朋友。

① 拨球练习。

② 绕环练习，8字绕环，关节绕环。

③ 抛球练习，抛球从低开始，高度逐渐提高。

师：同学们做得非常好，现在，我们一起做个抛接练习，比比看谁抛得最高，还能稳稳接住。注意抛球时，往头上抛，接球时，迎球缓冲。

（2）原地运球（运球报数）、不同方向运球（时间8分钟）。

师：大家和篮球已经比较熟悉了，接下来我们进行原地运球练习（教师指出拍球的后上部。要求学生必须将球运在圆圈内部，球不准出圈，提高学生对球的掌控能力）。

（3）行进间练习（时间18分钟）。

① 围绕圆圈运球。

师：刚才同学们进行了原地运球，大家掌握得非常好，看来大家的篮球水平都在不断进步，那么，接下来老师想给大家增加一下难度，要求同学们围绕圆圈运球，但是自己必须站在圈内。

② 直线运球。

师：同学们表现都非常棒！圈内运球的动作掌握很好，那走动中的运球，同学们能做吗？

生：能。

师：下面就请同学们感受一下行进间直线运球与原地运球的动作方法有什么不同。

a. 学生尝试练习直线运球2次。

b. 教师讲解示范。

师：同学们体会动作非常深刻，请注意观察老师是怎么做的，与你做的有什么不同。教师示范慢一些，指出球的落点，触球部位的区别。

c. 学生继续练习，稍微加快一些速度。学生练习时，教师要提示动作要点。

③ 曲线运球。

师：同学们在不丢球的情况下，能不能尝试一下曲线运球呢？

生：能。

师：大家行进间直线运球，掌握已经比较好了，下面我们提高难度，尝试绕圆圈做曲线运球，体会一下与直线运球有什么不同。注意要目视前方，保持前后距离。要求边练习、边体会动作。

生：进行练习。

师：哪位同学能说一下，曲线与直线运球有什么不同？

生：触球部位不同。

师：教师提示学生注意动作要领。即把球控制到身体的一侧；拍球后上部位，控制好力量，使球的反弹高度在腰部以上、胸部以下——改变方向时身体重心要降低。

师：刚才大家练习都很努力，每位同学表现也都很自信。下面我们进行一个运球接力的比赛好吗？

生：好。

路线——半圆、一条折线的运球接力。

师：各队分别站到自己的边线上，指出各队位置。请大家严格遵守规则，按规定路线前进，不要抢跑。鸣哨开始。教师讲评比赛结果。

3. 结束部分（4分钟）

师：同学们练习了这么长时间，都感到有些疲惫了，下面就让我们随着音乐放松一下。同学们到老师这里来围成一个圈，跟老师一起做。放音乐。

今天这堂课，我们通过和篮球交朋友，大家较好地掌握了行进间运球的动作方法，同学们的表现真的很棒。但是，还有一小部分同学在动作质量和熟练程度上还需要进一步提高。老师相信通过同学们的刻苦努力，我们的球技会越来越好。老师相信你们是最棒的。好了，这节课就上到这里，同学们再见！

参考文献

[1] 刘海元. 学校体育教程 [M]. 北京：北京体育大学出版社，2015.

[2] 周登嵩. 学校体育学（简编本）[M]. 北京：人民体育出版社，2005.

[3] 王丽娟. 教学设计 [M]. 南海出版公司，2003.

[4] 徐英俊. 教学设计 [M]. 北京：教育科学出版社，2001.

[5] 郑金洲. 教育通论 [M]. 上海：华东师范大学出版社，2000.

[6] 皮连生. 教学设计——心理学的理论与技术 [M]. 北京：高等教育出版社，2000.

[7] 北京师范大学环境教育中心. 可持续发展教育教师培训手册 [M]. 北京：北京师范大学出版社，1999.

[8] R. M. 加涅. 学习的条件和教学论 [M]. 皮连生，王映学，郑葳，等译. 上海：华东师范大学出版社，1999.

[9] R. M. 加涅，L. J. 布里格斯，W. W. 韦杰. 教学设计原理 [M]. 皮连生，庞维国译. 上海：华东师范大学出版社，1999.

[10] 王天一. 外国教育史（上）[M]. 北京：北京师范大学出版社，1989.